65メートルの大尖塔を中心にした巨大石造伽藍アンコール・ワット。中へ進むにつれて刻々と見える姿を変え、回廊には大浮彫り絵巻が展開される。クメール人の宇宙観が凝縮されている。

内庭ではデヴァター（女神）たちが訪れる者を出迎えてくれる。絢爛な髪飾り、透けて見えるほどの薄衣は高い文化を有していたことを物語る。

膨大な貯水を可能にした貯水池西バライ。アンコールは、バライや堤防を利用した水利灌漑システムにより二期作を可能にし、60万人とも推定される人口を賄っていた。

バイヨン寺院前の祠堂。アンコール遺跡は現在もカンボジアにおける上座部仏教の信仰の場として人々に愛されている。

バイヨン寺院の壁面浮彫りに描かれたクメール軍とチャンパー水軍との湖水での戦い（1181年）。舳《へ》先《さき》を突き合わせ、敵船に乗り移る兵士や叩き落されて溺れる兵士がリアルに描かれている。

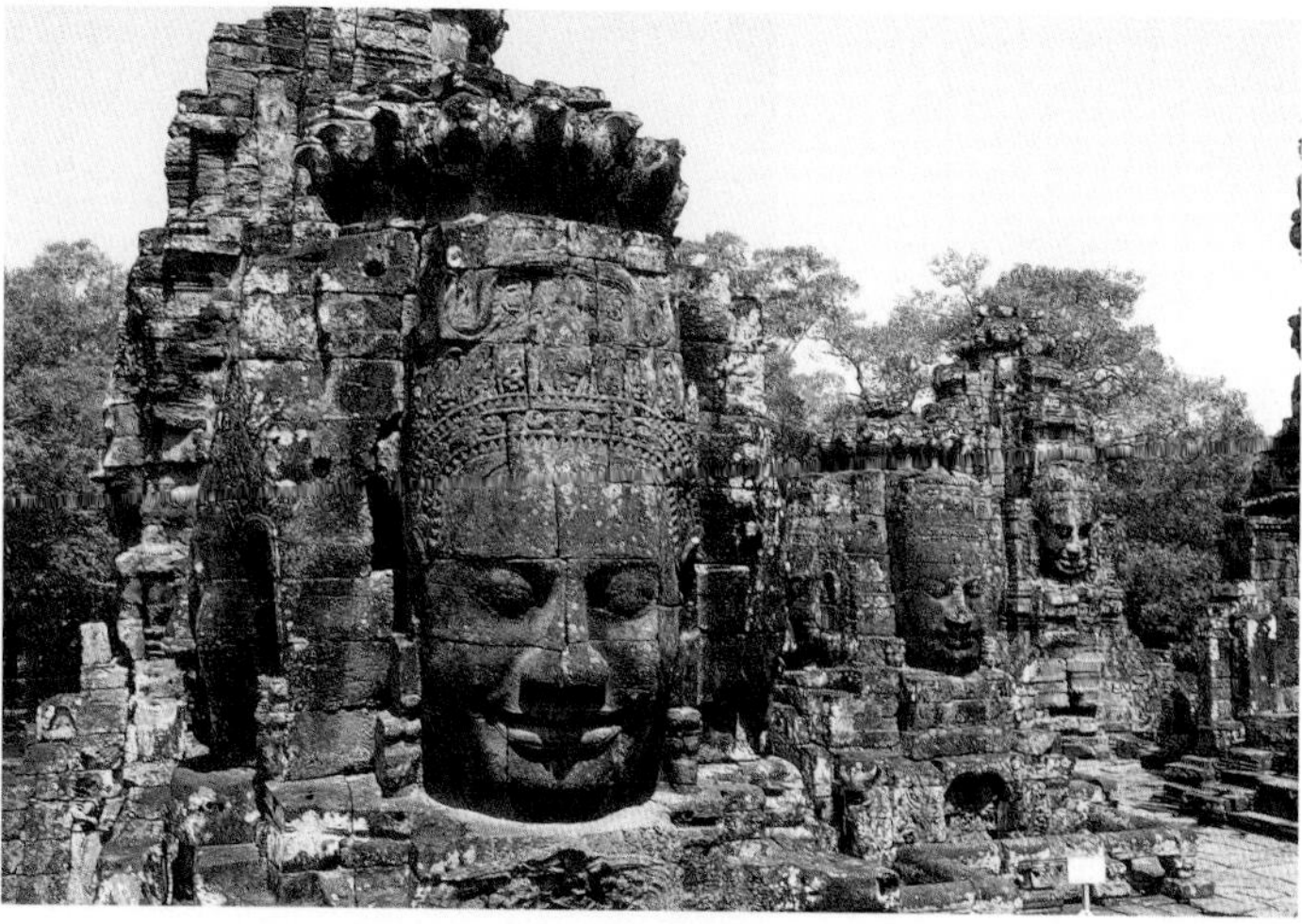

ジャヤヴァルマン7世造営のアンコール・トム都城。その中心寺院バイヨンでは、衆生を救うために四囲を照らす観世音菩薩の姿を表した四面仏尊顔塔が30余塔も聳えている。

上智大学アンコール国際調査団がバンテアイ・クデイ寺院から発掘した280体の仏像の一つ、仏陀尊顔。頭部に化《け》仏《ぶつ》を頂いた観世音菩薩像。

ナーガ（蛇神）に坐り禅《ぜん》定《じょう》する仏陀。仏陀が瞑想していたところ大雨が降りナーガが頭を広げて濡れるのを防いだという説話に基づく彫像。

NHK BOOKS
1271

アンコール王朝興亡史

ishizawa yoshiaki
石澤良昭

NHK出版

はじめに

アンコール・ワットの大環濠《かんごう》を越え境内に入ると、五基の大尖塔《せんとう》が大きく視界に入ってくる。そして、参道を行くとテラスの前で、その大尖塔が視界から消え、階段を上ると再び現れてくる。小さな手品がそこに仕込まれている。十字型テラス前から続く第一回廊を横切り中に入ると、「プリヤ・ポアン」（千体仏の回廊）に到達する。このような呼び方がされるのは、近隣の村人たちがその後入ってきた上座部《じょうざぶ》仏教のたくさんの仏像をここに奉納し、日々の安寧を願ってきたからである。

アンコール・ワットは「浮彫り彫刻の大劇場」とも言われる。壁の至るところに、基礎土台石から身舎《もや》の上部にまで、繊細な浮彫りがすき間なく彫られている。石柱の基部のデヴァター（女神）だけで約一三〇〇体に及ぶという。各入口の破風《はふ》にも絵図が刻まれ、神々の栄光を讃え、その事績を語り、乳海攪拌《にゅうかいかくはん》、神猿《ハヌマン》の戦闘、クリシュナの生涯など、いろいろな話題の図像群をわかりやすく、浮彫りで提示してくれている。当時は識字率がゼロに近かった。

たゆとうとした夕陽を受けると、西側回廊の壁面の浮彫り彫像が踊り出しているように見える。さらに格子窓を通して回廊内へやわらかい朝日や夕陽が差し込み、劇場の照明の役割を果たしている。来訪者はこうした自然の西日照明を利用したアンコール・ワット方式の彫像群の大舞台をぜひ堪能していただきたい。

プリヤ・ポアン回廊および中央祠堂《しどう》や角隅塔に続く回廊には、高官や地方の長官、村の長老らにより、篤信《とくしん》の証しとしてたくさんの神像や仏像が奉納されてきた。その前には供物台があって、いつも献花・献香が行なわれている。村の病人の快癒を願って、髪の毛もおかれていた。この荘厳さに満ちあふれた寺院内、そこで執り行なわれる祭儀や祈禱には特別の御利益があると村人に信じられており、今でもそう信じる参詣者が日参している。

アンコール・ワットの境内では、当時の人々の生きるよろこびが根付き、大きく深く呼吸していることを感じさせる。アンコール・ワット本殿の前で立ち止まり、一瞬の時間をここで過ごすだけで、境内のあまたの宗教的空間は仮想極楽浄土でもあり、身舎《もや》の装飾、壁龕《へきがん》の女神デヴァター、回廊の浮彫り彫刻などから、往時の人たちが篤信を捧げて生きていた史実が感じられる。

浮彫り絵図の中には、伝えたい当時の大切な事柄などが、メッセージとしてたくさん刻み込まれている。そして、アンコール・ワットには土地の守護精霊も同祭されていた。来世に向け、ひたすら信仰に励んだ当時の人たちの汗の結晶の一部が、この大伽藍そのものを構成している。その浮彫り絵図には、人間の生き様を何度も問う浮彫りや地獄図が掲げられ、同時に極楽絵図も描かれている。

重畳な密林の中から埋もれた石造伽藍や居住跡が次々と発見され、その石壁に刻まれていた古クメール語を解読し、考古発掘と調査・研究の結果から、「神なる王」と自称する二六名の王たちが約六〇〇年にわたり活躍し、王族と実務高官を従えてカンボジア版寡頭《かとう》政治を行なってきたことが明らかになった。

さらに、密林の中を走っていた王道の調査から、周辺の副都城《とじょう》としての五大地方都城、さらにはベトナム、タイ、ミャンマーとも陸路と中小河川でつながり、交易を通じて中国ともつながっていたことがわかった。プレアンコール時代（二世紀頃～八世紀頃）から、西方世界やインドとも往来があり、当時の扶南《ふなん》（中国史料）の港市オケオからはローマ・コインも見つかっている。また、各地には王が設けた一二一か所の「灯明の家」があり、地域の出張所であったと思われる。さらに薬石などを村人に与える施療院という診療所が一〇二か所開設されていた。碑文の考察からは胡麻、胡椒、白檀《びゃくだん》、檳榔子《びんろうじ》、大量の野生の漆など、森林の産物が中小河川を通じて、収集されていたことが明らかになった。インドの奥座敷の東南アジアでは、自家用としてそのスパイスロードが始まっていたのであった。

東南アジアの帝国、後れて登場してきたアンコール王朝という視座で再考すると、二六代にわたった約六〇〇年のアンコール王朝興亡史が、また違った世界史の歴史の舞台の中に見えてくる。

本書は、NHKブックス『アンコール・王たちの物語～碑文・発掘成果から読み解く』（二〇〇五年刊）を執筆後、先述の発掘成果、最新の碑文解読や建築学、美術図像学の研究の成果による新たな史料を校訂し、遺跡の保存修復中に見出した伝統技法の新発見などを加え、大幅に加筆、改訂したものである。

目次

写　真　大村次郷
校　正　福田光一
DTP　㈱ノムラ
地図作製　アトリエ・プラン
版下作製　手塚貴子
編集協力　松井由理子

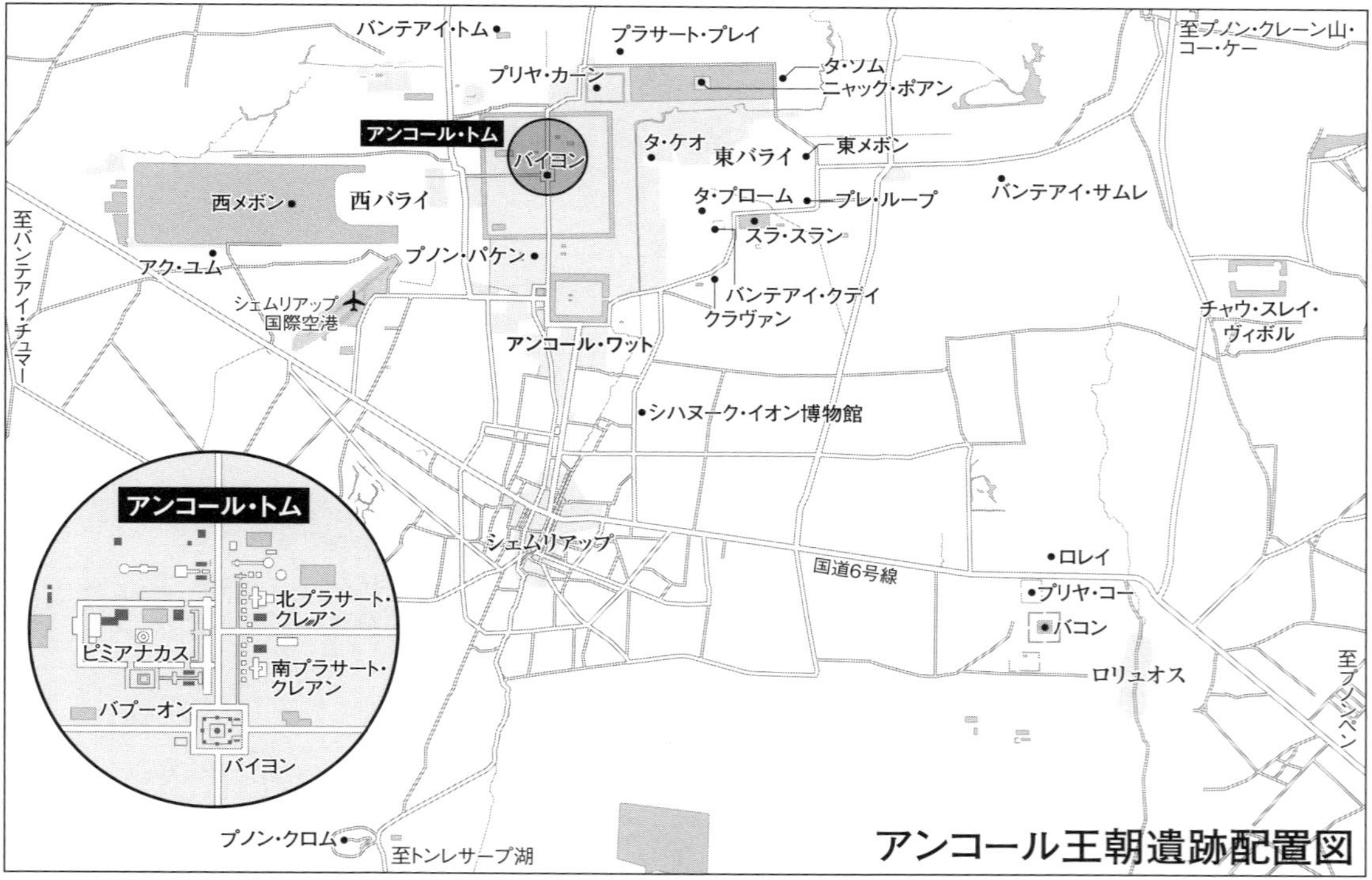

アンコール王朝遺跡配置図
バンテアイ・トム
プラサート・プレイ
至プノン・クレーン山・コー・ケー
プリヤ・カーン
タ・ソム
ニャック・ポアン
アンコール・トム
バイヨン
タ・ケオ
東バライ
東メボン
西メボン
西バライ
タ・プローム
プレ・ループ
バンテアイ・サムレ
スラ・スラン
至バンテアイ・チュマー
アク・ユム
プノン・バケン
バンテアイ・クデイ
クラヴァン
シェムリアップ国際空港
チャウ・スレイ・ヴィボル
アンコール・ワット
シハヌーク・イオン博物館
シェムリアップ
国道6号線
ロレイ
プリヤ・コー
バコン
ロリュオス
至プノンペン
北プラサート・クレアン
ピミアナカス
南プラサート・クレアン
バプーオン
プノン・クロム
至トンレサープ湖

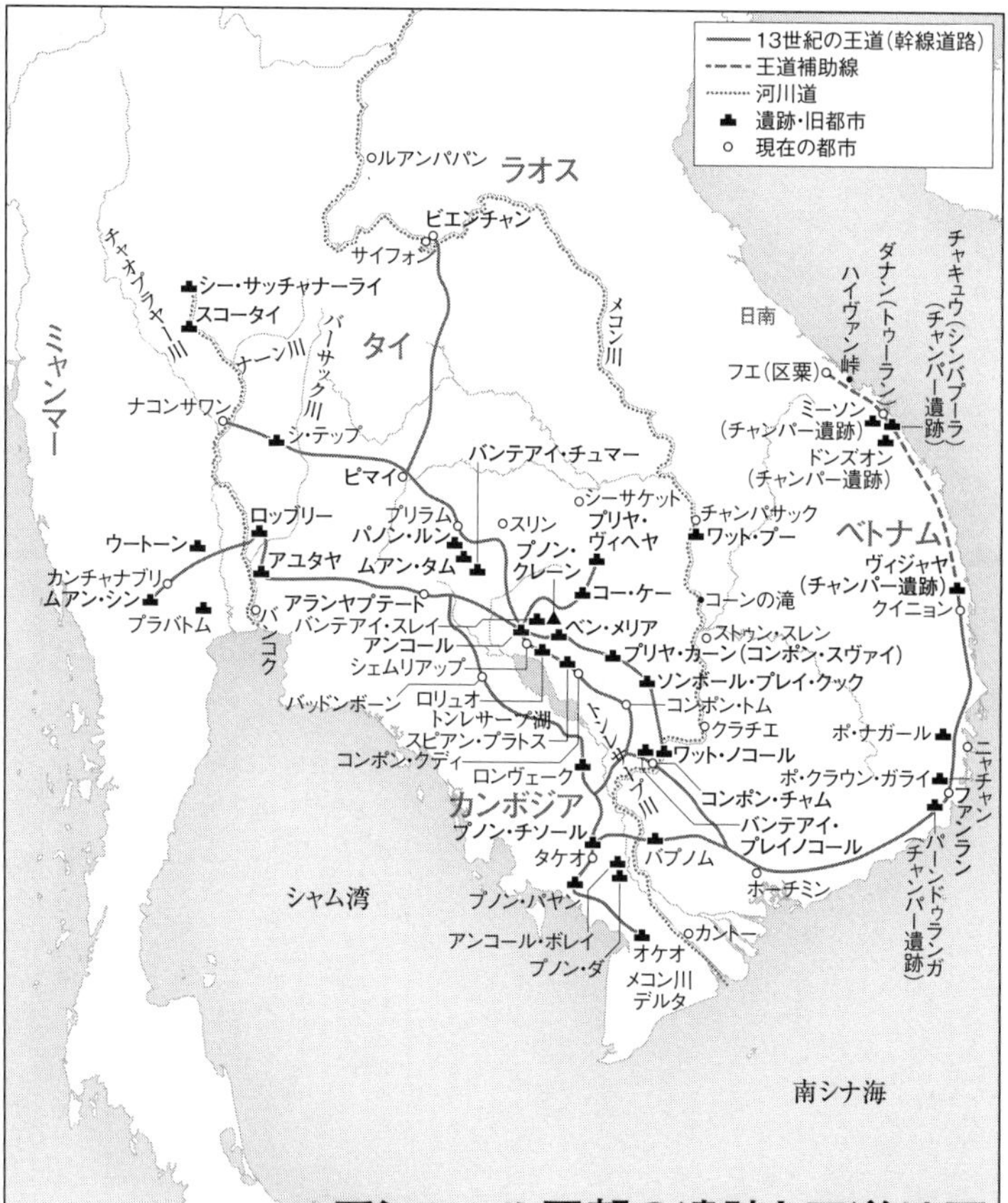

アンコール王朝の遺跡と王道地図

アンコール王朝と寺院遺跡の造営一覧表

	王統	治世年	関連寺院遺跡	事項
1	ジャヤヴァルマン2世	802～834	ロンチェン	アンコール王朝興る
2	ジャヤヴァルマン3世	834頃～877	プラサート・モンティー	
3	インドラヴァルマン1世	877～889	プリヤ・コー、バコン	ハリハラーラヤを都城とする(ロリュオス)貯水池インドラタターカ工事開始
4	ヤショヴァルマン1世	889～910頃	ロレイ、プノン・バケン、プノン・クロム、プノン・ボーク	東バライ完成(890)、ヤショダラプラ都城
5	ハルシャヴァルマン1世	910頃～922	プラサート・クラヴァン	
6	イーシャーナヴァルマン2世	922～928	パクセイ・チャムクロン	
7	ジャヤヴァルマン4世	928～941頃	コー・ケー、プラン、プラサート・トム、プラサート・クラハム	コー・ケーへ遷都、ラハール貯水池
8	ハルシャヴァルマン2世	941頃～944		
9	ラージェンドラヴァルマン2世	944～968	バクセイ・チャムクロン修復、バッ・チュム、東メボン、プレ・ループ、バンテアイ・スレイ着工	ヤショダラプラへ遷都、全国統一
10	ジャヤヴァルマン5世	968～1000頃	タ・ケウ着工、ピミアナカス着工、バンテアイ・スレイ完成	
11	ウダヤーディティーヤヴァルマン1世	1001～1002		西バライ工事開始

12	ジャヤヴィーラヴァルマン1世	1002～1010頃	タ・ケウ建設継続	
13	スールヤヴァルマン1世	1002～1050	ロイヤルパレス、北クレアン、バプーオン、ワット・プー、プリヤ・ヴィヘア、プノン・サンダック、ピマイ	西バライ完成
14	ウダヤーディティヤヴァルマン2世	1050～1066頃	南クレアン、西メボン、バプーオン完成	
15	ハルシャヴァルマン3世	1066頃～1080		
16	ジャヤヴァルマン6世	1080～1107	トマノン、ワット・プー、プリヤ・ヴィヘア、プノン・サンダックへ寄進	
17	ダラニンドラヴァルマン1世	1107～1113	ベン・メリア	
18	スールヤヴァルマン2世	1113～1150頃	ベン・メリア、アンコール・ワット、バンテアイ・サムレ	一一一三年、アンコール・ワット建設開始、アンコール朝のチャンパー支配（一一四五～一一四九年）
19	ヤショヴァルマン2世	1150頃～1165		
20	トリブヴァナーディティヤヴァルマン	1165頃～1177		
21	ジャヤヴァルマン7世	1181～1218頃	プリヤ・カーン、バイヨン、タ・プロム、バンテアイ・クデイ、ニャック・ポアン、バンテアイ・チュマー、大プリヤ・カーン、タ・ソム	盛土版築道の整備、石橋の建設、施療院・灯明の家建設、ジャヤタターカ建設、アンコール・トム、アンコール朝のチャンパー支配（一一九〇～一二二〇年）
22	インドラヴァルマン2世	1218頃～1243		アンコール・トム完成（?）
23	ジャヤヴァルマン8世	1243～1295		一二四〇年、タイのスコータイ王朝成立、一二五〇年アンコール地方の大洪水

24	シュリーンドラヴァルマン	1295頃～1307		上座部仏教浸透、一二九六年、周達観、元朝の使節に随行してアンコール朝を訪れる
25	シュリーンドラジャヤヴァルマン	1307～1327		最初のパーリ語碑文。一三五一年、タイの前期アユタヤ王朝成立
26	ジャヤヴァルマーディパラメーシュヴァラ	1327～1353?		シャム軍の第1次アンコール都城攻略、碑文に現れる最後の王

第一章
アンコール遺跡とは何か——巨大な建寺エネルギーに圧倒される

アンコール・ワットは一日にしてならず

一八六〇年、フランス人博物学者アンリ・ムオは石造大伽藍アンコール・ワットを検分して、高度な文明の国家による遺跡と看破し、改めて謎の多いアンコール遺跡を世界へ紹介した。建築当時は金箔金泥に塗られた黄金寺院であり、江戸時代初期の日本人たちは、この寺院がかつてのインドの「祇園精舎」と思って参詣していた。その伽藍の中央祠堂の高さは六五メートルで、現代の建築物でいえば八階建てに相当する。建築技術は、アンコールで開発された独自の「迫り出しアーチ工法」であった。この工法はドーム内部空間スペースが制限されるという欠陥をもちながら、当時の建築家はその限界に挑戦し、現在見るように六五メートルの高さまで積み上げ、天空に屹立《きつりつ》させたのであった。

私たちがアンコール・ワットに向かって思いを馳《は》せるとき、先ずそれが造られた時代はどうだったのかと考える。アンコール地方の広大な扇状地には耕された水田や畑地が広がり、稲穂が頭を垂れるほどたわわに実っていた。王は行幸の折に、その水田の側を通っていた。村の長が水路の堰堤《えんてい》の排水口を開き、大声で指図をしていた。大土地所有者が自分の田地を見回りにきていた。広い田地の向こうには、次の大寺院の工事現場が進行していた。喧騒の中で建寺作業が進められ、工事に従事する人員は数千人から約一万人にも及んだと思われる。大人数の石工たち、石材運搬人、建築仕上げ工、彫工、図師、塗り師、のみ研師、現場作業員たちが、神仏への救済を願い、功徳《くどく》・篤信《とくしん》行為として建設現場で働き、その結晶としてアンコール・ワットなどが次々と建立されたのであった。

これら祠堂や大寺院の近隣の村々では、いつものようにたくさんの人々が収穫を喜んでいた。ある家族は家人の死を哀しんでいた。恋を語り、結婚し、一家団らんがあった。父母や縁者・友人も老年になって、立ち上がる荼毘《だび》の黒い煙と共に天空の極楽浄土へ逝ってしまった。これら村人たちの篤信の気持ちが結実し、村内に立派な寺院が造られ、それらがやがて遺跡となったのである。人の生命のはかなさと限りない時間の流れを私たちに教えてくれているような気がする。

アンコール王朝の発祥地

アンコール王朝最初の小都城が、八〇二年にヒマラヤの深山に似たプノン・クレーン高丘（四七一メートル）の密林の中に造営された。そこに小寺院が建設され、「デヴァラージャ（神なる王)」の「政《まつりごと》」が開始された。それから約六〇〇年にわたり大都城、本造の大王宮、大寺院、祠《し》堂《どう》などが次々とアンコールの地に建設された。

アンコール王朝の最初の小都城が建設されたその場所は、ロンチェンといい、そこには現在もいくつかの小遺構が残っている。しかし、狭い場所であり、ヒマラヤの深山を思わせる雰囲気はあるものの、蚊や毒虫が多く、生活の条件としてはよくない。しかし、ここで、バラモンと自称する王師(ヴラッ・グル)たちの勧めで「神なる王」の祭儀が執り行なわれていたと思われる。ここがアンコール王朝発祥の地である。

新王は「神なる王」である。王として神がかりを立証するため、カンボジア版宇宙観に立脚した神々が臨在する大都城、国家鎮護の大寺院、神の世界を模した派手な色彩の大王宮の三点セットを造成して、近隣の有力者や小王たちみんなに見せる必要があった。宗務高官たちは「神なる王」への信仰と神々や仏陀への篤信を説き、来世に向けての救済を実現するための三点セットであると説明した。しかし、二六名の王の中で実際にこの新三点セットを実現したのは六名の王だけである。彼らは八〇二年から一四世紀半ばまでアンコール王朝を統治した諸王である。日本史で言えば平安時代から鎌倉時代にあたる。

アンコールはローマ文明と同様、一日にして成ったわけではない。王朝の核心地の広さからいうと約三〇〇平方キロ(東西が東京都渋谷区から江戸川区、南北が台東区から港区まで)の広さのところに、九世紀から一四世紀にわたり約六〇〇年にわたり大都城、国家鎮護の大寺院、木造の大王宮などを造営しつづけた王朝であった。カンボジア版須弥山《しゅみせん》思想にもとづくものであった。

その物的証拠が現在の遺跡群である。同時に近くの密林の中には王道が敷設され、収穫の稲わらを積んだ農家の二頭立ての牛車が往来していた。アンコール都城から約八〇〜一五〇キロ以上も離れたアンコール朝の副都城が五大地方の都市となり、帝国の要として立地し、政治・経済の地方拠点としてその役割を果たしてきた。そこからさらに西方へ三八〇キロ離れたチャオプラヤー川河口のロッブリーと、アンコール都城からロッブリー経由で北方へ約七二〇キロ離れたチャオプラヤー川をさかのぼったスコータイ都城に拠点をつくり、王朝の地歩を固めた。

三点セットの造営と人的資源

アンコールは、「都市・都城」を意味する梵語《ぼんご》（サンスクリット語）「ナガラ」がクメール語化した名称である。アンコール王朝の二六名の王たちは「神なる王」を立証するため、前項で述べた三点セットを次々と造営したのであった。王には永続的な身分の保障がなく、それに加えて激しい王位争奪戦の結果、旧都城が破壊され、王宮が焼き払われ、寺院にも被害が及び、奉納された金品などが奪われていた。そのため、王の権威を立証する必要があったのである。どの王もこの新しい三点セットの建設には少なくとも二〇年から三〇余年以上の歳月を費やした。これらを建造するために、建寺作業員とその家族はカンボジア全土から集まっており、建寺は来世への功徳のための奉仕活動でもあった。人手不足のため近隣に住むシャム人・モン人・チャム人・山岳少数民族の人たちも手伝っていた。その規模が大きくなり、建寺作業は王の交替があり、次から次へと続いた。そして、その寺院造作の建材（砂岩、ラテライト、川砂、盛土土砂、環濠掘削による土砂）などは近隣から入手できた。

そして、これらの巨大な人的資源をつなぎとめ、持続していくためには、彼らのために毎日食糧を支給しなければならない。これが大きな問題であった。造営の担い手になる作業員たちは、王の倉庫から放出された食糧および乾季のバライ（貯水池）による田越灌漑《たごしかんがい》で栽培された籾米《もみごめ》支給を受けていた。また、三点セットの特命工事は宗務高官の指揮下で実施されていた（一〇五二年の「スドック・カク・トム碑文（K.235）を概略引用（*BEFEO*, T43 (1943) pp. 56-154)）。

作業員たちは建設現場近くに掘立小屋をつくり、住んでいた。彼らの居住跡は、当時捨てた「生ゴミ」が栄養分となり、樹林が他に比べて密集繁茂していることから判別できる。森林学の専門家の分析によると樹木の密集場所はほとんどの場所が寺院の近くである。国内のクメール村の人たちは雨季には自分の田地を耕し、乾季にはこぞって寺院建設現場へ出かけ手伝っていた。それは善行であり、功徳のためであった。しかし、乾季の手伝いだけでは三点セットはなかなか完成しないのであった。それでシャム人たちが川舟などを使ってやって来て一〇年または二〇年にわたり住みつき、工事現場で石材等を運んでいた。

王朝の歴史を知る史料

当時の活動記録は、インド伝来のヤシの葉（ラタニアヤシ）製の「貝葉《かいよう》」に書かれていた。こ

貝葉の原料に使われたラタニアヤシの葉。

の貝葉は植物の葉であるため長持ちせず、乾燥のためこなごなになり、消失してしまった。次に石材に彫られた碑文（碑刻文）史料は、厚い石板や石柱、もしくは側壁や門柱に刻まれている。それらの石材の高さは一〜三メートル、横幅は〇・五〜一メートルぐらいの大きさであり、寺院や祠堂の前に建てられ、寺院への寄進奉納告知板の役割も果たしている。

碑文の綴り字は南インドのパッラヴァ王朝（四〜九世紀）のラピタ文字から来たものである。いわゆるカンボジア碑文と総称されている碑文で使われている文字には、古クメール語、梵語、パーリ語、近世クメール語、モン語などが挙げられる。一九七〇年の登録碑文一〇五〇個のうち、ほぼ半数が古クメール語碑文、あとは梵語碑文および梵語・古クメール語併記碑文である。もっとも長い碑文はプレ・ループ碑文（K.806）で、二一九八節に及んでいる。＊これら碑文の頭にはすべてクメールのK.を付して表す。その時代は、大部分がアンコール王朝盛時の九〜一二世紀に属する。カンボジア語は言語系統からいうとモン・クメール語族に属し、東南アジアでもっとも古い言語の一つである。

梵語碑文では主として神仏への希求文、王および高貴な家族の系譜やその徳業のことが書かれ、文末は呪詛《じゅそ》文で結ばれており、どちらかというと宗教的色彩が強い内容である。

古クメール語碑文では、王の命令、寄進財貨の目録、クニュム（寺男・寺女の奉仕者＝奴隷の意味ではあるが多義である）と呼ばれる人たちのリスト、土地の境界、田地の交換、共有的・占有的権利の明示、裁判の判決など、主として日常生活のことが書かれている。しかしその記載内容は多くの場合、前後の説明がなく個別的であり断片的である。数量の割には当時の社会についての記述や言及が少ない。そして、ほとんどの碑文が宗教・喜捨《きしゃ》および王権（勅令など）および王に関する言及であるために、王を項点とする大臣と実務高官たちとその一族による政治支配であったという。

「王」は「神」となった

王朝の創建を伝える碑文（K.235　一〇五二年）によれば、七七〇年ころ、若い王子（後の初代王ジャヤヴァルマン二世）がジャワ方面から帰国し、カンボジア南部から西北部の各地を転戦し、地方の集落や村を征討したという。そして八〇二年に「マヘンドラパルヴァタ」（現在のプノン・クレーン高丘内）のロンチェンの祭儀場で「転輪聖王（正義をもって国を治める理想の王）」としての即位の儀式を執り行なった。儀式を司ったのは、バラモンと称する特別の祭儀者（王師（ヴラッ・グル））であった。

王はこの祭式執行者から「超人的人間」に賦与される位格に加えて、諡号《しごう》で呼称され、それに加え、これまでクメールの大地に存続してきた土着の精霊をも取り込んだ、「守護精霊の王の中の王」であると述べている。それはヒンドゥー教的な装いを借りた土着の守護神（ネアクタ神）でもあった。土着の精霊信仰をヒンドゥー教により覆蓋《ふくがい》することで、その神秘性を増幅させていたのである。碑文（K.235）ではこのジャヤヴァルマン二世がアンコール朝の創始者であり、各地を征討した精力的な王として言及されている。ジャヤヴァルマン二世については二章で触れる。

どんな人物が「王」となるのか

アンコール王朝というのは、崇高な王国が粛々と存続してきたというよりも、実力のある地方の土侯などが次々に王として名乗りをあげ即位した。そしてその王座を必死に守り、ときには命を落とすことにもなった。王に名乗りをあげた地方の土侯たちは、激しい王位継承戦によって王位を勝ち取るのである。こうした王の支配領域内では、王位争奪戦に敗れた反対勢力が絶えず反乱を起こしていた。

では、どんな人物が実際にアンコール王朝の王になったのか。王位継承を主張する候補者は忠実な一団の部下たちを引き連れた大将であり、支援者たちに囲まれて王として即位ができる人物であった。王になろうとする候補者は、まず国内と近隣の敵対者を打ち破り、追放するか、人質を取って支配下に組み入れてしまう必要があった。王は即位後に、前王・先王の妻、娘、姉妹と形式上婚姻を結び、それによって王位継承権を正当化し、崇高な王の系譜図の中に自らを位置づけていくのであった。王は王位に就くとすぐに諡号で呼称されるが、諡号は「来世へ行った神格」を意味する。そうした立場を踏まえて王は、王国の卓越した保護者に変身するのである。

王の即位は、諸祭儀を招来し、理論的に神々が王を即位させる形をとる。それには「転輪聖王」もしくは「宇宙の王」の権限を付与する意味がある。古代カンボジアの諸王に「王の神格化」を鼓吹《こすい》したのは、王を取り巻いていた宗務を司る王師（ヴラッ・グル）や祭儀を執行する担当官（世襲の祭儀官家系があった。それについては後述する）であり、自分はバラモンの血筋であると吹聴していた。彼らは王とその一族にヒンドゥー教のメカニズムとその由来を説き明かして、王の帰依を受けると同時に、王自身を祭儀により現人神《あらひとがみ》に昇華させる役割を果たしていた。

アンコール朝は継承の途中で、何度も内部分裂と断絶があった。王の実力と権謀術数が蠢《うごめ》く中で、何世紀にもわたり同じ方法で王位が継承されてきた。結局のところ、その度ごとに戦闘を伴う王位簒奪戦《さんだつせん》が起きていた。それなのにどうしてその王朝が続くのか。それは王制を誰もが必要な制度として認めていたからにほかならない。

輪廻転生の思想から「アンコール美術」は誕生する

ここでアンコール遺跡の美術からカンボジア人の感性について言及する。カンボジアの人たちはアンコールの地において約六〇〇年にわたり、寺院を一〇〇〇か所（世界遺産登録数は九九か所）建立し続け、そこに彫像や浮彫り絵図を奉納してきた。これら遺跡の装飾模様や彫刻などは、どう見ても彫工や図工たちの自由奔放な発想や想像力による創作ではない。自然と人間が一体という世界観、生きとし生けるものは全て生死を繰り返す一つの姿形に過ぎず、生き物には全てに流転があり、遂には涅槃《ねはん》の境地に達するものであるという民族の感性に立脚した諸作品がアンコールの芸術であり、その点が高く評価されているのである。

この美術表現は、輪廻の思想（samsāra＝「流れる」の意＝衆生が三界六道に生死を重ねる）にその根源がある。モチーフの変容の中には、植物から動物へ、またその逆に動物から植物へ変化する模様もある。そして、渦巻き模様の中に小鳥が入っていたり、あるいは蛇神ナーガに置き換えられたりしている。このように、彫工や図工たちは神仏への篤信の気持ちに先立ち、人間とはなにかを問うことを忘れていなかった。人々が来世に眼を向け、ひたすら信心に励んだ汗の結晶の一部が、この大伽藍そのものである。

女神彫像は女官がモデル

アンコール・ワットには今も多くの観光客が訪れている。往時のアンコール・ワットについてその栄光の歴史を語った碑文は存在していない。しかし、この寺院を建立した偉大な王とその王権については、回廊壁面に彫られた浮彫りが雄弁に物語っている。一八代目の王スールヤヴァルマン二世（在位一一一三～一一五〇年頃）＊以後、カッコ内は王の在位年を示す。の篤信ぶりと、その情熱が約一・五キロにおよぶ壁面浮彫りから伝わってくる。この王の栄光を賛美して舞うデヴァター（女神）や天女たち。その浮彫り絵図には、当時の深い精神価値体系が塗布されている。特にア

壁面からほほえみかけるアンコール・ワットのデヴァター。

ンコール・ワットでは壁面や入口を飾る女神たちの愛くるしい表情、その豪華精美な髪飾り、しなやかな肢体、花飾りを差しかけた手元のしぐさ、あでやかな群舞の姿、どれを見ても躍動的であり、スカートの下には健康的な御足がふくらみ、妖艶な容姿となっている。

一二九六年にアンコール都城を探訪した中国人の周達観（元朝使節の通辞）は、その見聞録『真臘《しんろう》風土記』の中で、「家に美貌な少女があると、必ず召して宮廷に入らせる。宮殿に出入りし、用を務める者に斡旋を頼む」と述べている。「その婦女は、色が白く、まるで白い宝玉のようである者が多い。思うに太陽の光を見ない故であろう」さらに続けて「国主（王）には全部で五人の王妃がいる。その下に側女たちが三〇〇〇から五〇〇〇人あり、またおのずから等級に分かれている」という。そして「国主が外出する時にはその前を軍馬が護り、旗幟・鼓楽の後に女官たちが続く。女官三〇〇～五〇〇人が花布や花で飾った髻をつけ、手に大蠟燭をとり、昼間でも明かりをともす。別の女官は金銀の器皿および飾りのある器具を持ち、行進に続く」と記している。

この女神彫刻を図像史の流れの中で見ていくと、相対立する思想的背景のもとで、二度にわたる頂点があった。最初の頂点は、前アンコール時代（六～八世紀）で自然主義的傾向を強めた彫刻である（プノン・ダ系彫像）。次に、バイヨン寺院を建造した二一代王ジャヤヴァルマン七世治下で二番目の頂点を迎え、人物描写に迫真性を求め、彫像はその衣装を脱ぎ去り、微笑を伴う明るい内面の精神生活がにじみ出る絶品となっている。パリのギメ東洋美術館に展示されているクメール美術の逸品一〇〇点あまりは、口のうるさいフランス人美術評論家をも黙らせてしまうほどの完成度の高い神品揃いである。

ジャヤヴァルマン七世彫像

王の彫像にもアンコール芸術の非常に高い芸術性が現れている。名品と名高いジャヤヴァルマン七世彫像がプノンペン国立博物館に展示されている。仏師である彫工はどんな気持ちを抱き、現人神である王の彫像制作にとりかかったのであろうか。彫工は神なる王の身体からほとばしる霊気を感じ取っていたのかもしれない。その尊顔はクメール的で穏やかな表情となっている。目鼻だちにおけるわずかな左右不均衡も忠実に実写したようである。小さな髷を結ったすべすべした御髪《おぐし》は見るからに風変わりである。仏前に敬仰《けいぎょう》している姿か、あるいは黙想祈禱している姿であろうと思われる。この王の坐居彫像には造形の美しさ、力強さ、それに素朴な質実さが感じられる。この彫像の顔が眉目秀麗であることは誰もが認めることである。その像容は現代も見る者に語りかけてくるような迫真性に溢れている。

大プリヤ・カーン寺院で発見されたジャヤヴァルマン７世坐像（プノンペン国立博物館蔵）。

カンボジアの原文化を考察する

輝かしいインド文物の外套に隠されてはいるが、カンボジアのもともとの文化（基層文化）では、昔から農耕の神々を敬愛していた。中でも村々を守る精霊の一つとして水の精霊である蛇神（ナーガ）を崇めていた。この蛇神ナーガは龍と漢訳されるが、コブラを指し、超自然的な力をもち、雨、雲、雹《ひょう》を司る神であった。北インドのマトゥラ地方のグプタ美術（四〜六世紀）の中には同じナーガ彫刻があるが、どうもカンボジア南部のプノン・ダ美術様式の中に残るグプタ美術の影響が、カンボジア版に翻案された可能性がある。それにヒンドゥー教神話の「乳海攪拌」に出てくる大蛇ヴァースキの役割も関係してくるのではないだろうか。アンコール朝が採り入れた「神なる王」信仰は、ヒンドゥー教の中に土着の守護精霊を取り入れたものである。雨季になるとアンコール・ワットの大尖塔を背景に七色の虹がかかるが、その虹こそ蛇神ナーガが地上と天界とを結ぶ役割を果たしているものであるという。

アンコール・ワットの第一回廊東面では乳海攪拌の場面がより具体的に彫られている。神のデーヴァとアスラが不老不死の薬「アムリタ（甘露）」を得るために「大亀（クールマ）」に「大蛇（ヴァースキ）」を巻きつけて互いに引っ張り合って乳海を攪拌し、このとき海中から太陽・月・ラクシュミ（吉祥天）・宝珠が出てきて、最後にアムリタが出てくる。デーヴァとアスラはアムリタを奪い合い、最後にはデーヴァの手に帰した。ヒンドゥー神話をカンボジア版に脚色して、綱引きの綱の代わりに蛇の胴体を登場させ、最後に原カンボジア文化仕様で締めくくっているのである。

ヒンドゥー教と仏教の宗教美術の展開

アンコール王朝の美術は、もともと宗教美術であると同時に神仏の加護を踏まえて造成された巨大な都城の美術インフラでもある。アンコール王朝では、インド文明が創り出したヒンドゥー教と仏教という二つの崇高な宗教を、年月をかけてカンボジア版に二つの信仰に焼き直し、カンボジアの基層文化に則って脚色し、独自につなぎ合わせ、修正し、そして、信仰してきた。

カンボジア版ヒンドゥー教では受け入れ可能な祭礼と基本的な骨組みを採用している。カンボジアへ伝えられた大乗仏教は、カンボジア版ローケーシュヴァラ（四面仏尊顔の観世音菩薩）、慈悲のボーディサットヴァ（多羅菩薩）など、たくさんの仏像の形で残されている。仏教は全ての人々に対して解脱《げだつ》の可能性を説き、上座部仏教は篤信者への宣教として仏伝と仏陀の姿を提示している。

神仏像や図像浮彫りとは、神仏を篤信する人たちが、目で見ることができない神仏の代わりに仏師に彫像造りを依頼したものである。つまり篤信者たちは、最高の工匠に依頼して造像することで功徳を果たしたのである。こうして作られた神仏像は功徳と善行をもたらしてくれると信じられていた。これらの神仏像の彫像は、これが定番というものはなく、民族の造形感覚にぴったりした彫像が好まれた。神仏は目に見えない存在であっても、造像された彫像は具体的であり、人々の心の隙間を埋め、信仰へと導くのである。往時のカンボジア人たちは、何故こうした神仏像を造って信仰したのだろうか。それは日常の諸苦悩を彫像に託し、身代わりをお願いするためなのである。

カンボジア的取捨選択

村人の生活において、日常的には雨水によって農耕が順調に進み、富裕をもたらしていた。それはヒンドゥー教から言えば、宇宙を攪拌し甘露（＝収穫物）を見つけ出すという作業だった。バライ（貯水池）は「大乳海のごとく喜びをもたらす池」であり、「その腕（分流）を通じて乳海自ら邪魔な水を取り除き、甘露の湖に変える」などと碑文は述べている。

カンボジアはインドから神話や文芸、綴り字や梵語を受け入れたが、そこにはカンボジア的取捨選択があった。カンボジア的枠組みに塗り替えられ、土着の独自の概念が付加されて、大部分が新しく作り変えられた。綴り字で言えば、文字はインド伝来のものを借用したが、その語彙はほとんど固有のクメール語を用いて表記している。結論から言えば、すべてインド化以前のカンボジアの基層文化に由来し、立論されているのである。「神なる王」の崇拝や埋葬方法なども、カンボジアの原文化の中にその祖型がある。

カンボジア民族は農耕の神々を崇めており、中でも水の精霊ナーガを崇拝してきた。カンボジアは一三世紀ごろから新しく上座部仏教を受け入れてきたが、村々では日常生活において基層文化に根ざした伝統的な祭祀が途切れることなくそのまま執り行なわれてきた。カンボジアの基層文化は、本来的に水と大地の崇拝にあったということである。初期の「神なる王（デヴァラージャ）」信仰は、土地の精霊の名を借りて祭儀を執り行なっていたという。これを裏付けるカンボジア建国説話がある。人間と結婚した蛇姫（ナーギー）のために父の蛇王（ナーガラージャ）

が水を飲み干して大地を創った、という話である。村人の信仰の対象として水の神があった。

水利による集約農業

アンコール王朝の栄華を築いた当時の社会は、どんな経済的メカニズムを持っていたのであろうか。もちろん立国の経済基盤は農業であった。碑文には記載されていないが、フランス人研究者、ベルナール・フィリップ・グロリエの『水利都市論』（一九七九年）によれば、経済活動としてアンコール地方の大扇状地における高低差を利用した、乾季の二期作があったという。バライ（貯水池）を少し高い位置に造り、そこから水路により田地へ水を流し、耕作するのであった。ここで収穫された籾米は、王宮で働く数千人の官吏たちとその家族へ配給され、さらに後宮内で働く女官たち数千人、加えて数万人の傭兵、下級官吏、象使い、その手伝いの下男下女にまで配られた。もちろん長年にわたる人的資源の建寺作業員たちにも供与されていた。だから、石造大伽藍がいくつも造営できた。くわしくは後述するが、グロリエの『水利都市論』はアンコール王朝繁栄の経済的背景を説明できる大発見であり、後に上智大学が五〇〇〇分の一地図から発見した田越灌漑システムを補完し、こうして集約的籾米生産が大都城・大寺院・大王宮の造営を可能にしたことが実証された。

「倉庫の長」と「台帳管理人」

王朝繁栄の様子を、まず王の倉庫（クレアン）の収蔵品から点検してみたい。そこには、砂金・貴金属・インゴット（鋳塊）・バター・砂糖・香辛料・樟脳《しょうのう》・油・穀物・織物・蜜蠟・籾米・塩などが収納され、この事実から課税対象商品の範囲が判明する。碑文によれば、中国製の蚊帳《かや》、明州の簾《すだれ》などが市場の店頭に届いていたという。この倉庫を管理するのは、「倉庫の長」であった。貨幣の欠落した当時の社会では、現物納による税徴収が行なわれていた。税のことは租税一般や現物納の税、地租などの語句で記載されている。王の賦役のために、土地を売却したり、代償として土地を差し出す場合もあった。さらに土地の所有・境界・収穫などを記載した「土地台帳担当者」がいたらしく、碑文では、「台帳管理人」と記載されている。当時から私有権が確立していたのであった。

当時も村人たちが王の賦役などに動員されたが、その役務をどのような担当者が組織し、寺院造営や貯水池の開削、盛土《もりつち》された幹線道路と石橋などの建設などをしていたか、碑文には前後の説明が示されていない。

対外政策と官僚

アンコール朝はインドシナ半島のほとんどを版図とする空前の帝国に発展した。その対外政策の理念と、広大な地域を征討した軍事組織はどのようになっていたのであろうか。王は対外政策の基本理念としては「転輪聖王」の考え方をもっていた。王の武力行使は各地の諸侯を屈服させる一つの手段であったが、しかし反乱者の懲罰で皆殺しすることはなかった。当時のクメール軍の勇壮な行軍および雄々しい果敢な攻防戦は、寺院の回廊壁面浮彫りの主要な場面を構成している。軍隊の組織は歩兵・騎兵・象軍・輜重《しちょう》軍の四軍から成る。水軍については漕ぎ手の長、水先案内の長についての記事があるのみで、くわしい史料はない。しかし、遺跡の壁面には戦いに臨む勇ましい海軍が彫られている。

では、アンコール時代の隆盛を創り出した当時の政治・社会の諸制度およびその経済組織はどうであったのだろうか。「中央行政」をつかさどる最高の官職はマントリン（大臣）であった。とくに行政や王位継承者の選出に関与していた。宗務高官としては王師（ヴラッ・グル）が祭儀・即位式など寺院の宗教関係の高職に就いており、王子たちの教育係でもあった。ほかに王朝年代記録者、職工の長、扇持参者、担当別のたくさんの侍者など第二線級の小官吏もいた。王官や後宮に出入りする官女や侍女、手伝いは数百人に及んでいたという。

「地方行政」については、碑文の考察からまず州レベルの行政単位ヴィジャヤ、下位行政単位スルック（郡）、そしてプラ（村）、プウム（集落）のことが判明している。その地方の最高責任者で収税や土地買収、境界など一般行政面の諸権限をもつヴィジャヤの長や地方官吏、裁判官や司法関係者のヴィジャヤの法廷の長、それに査察官がいた。後者にはスルックを統括する郡の長、官吏ではないが村の有力者と見られる長老や宗務に関係するアッチャール（顔役）たちがいた。

生産・生活の場であるスルックには、米穀の長、塩の長、蜜蠟の長など専門職の官吏もいた。クメールの諸王にとっては、臣下の有力者をいかに統御し掌握していくかが大きな政治課題であり、それによって国内の統一が保たれてきた。アンコール時代の官僚政治は大部分の高官が報酬としてのヴィジャヤかプラマーン（州規模の領地）単位の「給与保有地」が与えられ、それが従臣制度の基盤となっていた。

古代カンボジアの政治諸理論の中には、調べてみるとインド的原質とクメール的要素がある。クメール的要素を挙げるならば、税務関係の用語、位階名、職名、官職名、租税の免税処置において、同居する子供がいない死者の遺産は国家に帰属することなどである。アンコール時代の人たちは、インド的文物の受容と独自に創出したクメール的要素を基盤にして政治・社会・経済・宗教を発展させ、「神なる王」を祀《まつ》る大伽藍の建造とその維持に邁進していたのであった。

世界第四位の人口をもっていた

アンコール朝が隆盛に向かおうとする西暦一〇〇〇年頃、世界にはどれだけの人口があったのか比較してみたい。「歴史人口学」研究では一つの仮説として、一〇〇〇年を区切りとした当時の地球世界の都市人口の研究がなされてきた。諸説があるが、コルドバ（現スペイン）約六〇万人、コンスタンチノープル（現トルコ）約五〇万人、北宋の開封（現中国）約四〇万人に次いで、アンコールは第四位の約二五万人の人口であったという。カンボジアはプノン・バケンを建立しつつあったヤショヴァルマン一世（八八九〜九一〇年頃）の時代であった。

その約一〇〇年後、一二世紀初期から一三世紀にかけてアンコール王朝は最盛期を迎え、人口が増え、仮説ながら、約六〇万人からそれ以上の一〇〇万人に近い人口が集中していたと推定される。その根拠としては、一一一三年からのアンコール・ワットの建設には、試算で毎日九〇〇〇人から一万五〇〇〇人の人足が必要であり、その背景人口は約五〇万〜六〇万人であった。したがってアンコール地方は一一世紀頃から飛躍的に発展し、一二世紀には一〇〇〇年時の三倍近い人口が集中していたことになる。

第二章
群雄割拠をまとめた若い王
――前アンコール時代末期からジャヤヴァルマン三世まで

マラリア抗体を獲得したクメール民族

私は一九五八年発行の『カンボジアにおけるヘモグロビン　E』(*L'hémoglcbine E au Cambodge,*)(フランス極東学院、パリ、文献参照)を読んでびっくりした。カンボジア人は早くから身体内にマラリアの抗体となるヘモグロビン形質を獲得していたという内容であった。これまでに分子生物学分野の研究でも確認されている事実である。

かつてクメール人の集団はメコン川中流域の河岸段丘に住んでいたと言われている。その一部は河岸下・水場まで降り、日常生活の場を拡大していた。そのすぐ側の大小の河川やジャングル内には蚊や毒蛾や毒虫が蔓延《まんえん》していた。それでも彼らはマラリア蚊に悩まされながら、中小河川岸に分村をつくり、やがて移動し、トンレサープ湖岸に向かって南下したと思われる。移動は、貝塚(サムロンセン)跡があることで確認できる。その間にどんな理由かわからないが、彼らは突然変異によりヘモグロビンの中にアンチ・マラリアの抗体を獲得したのであろうという。そうした身体の形質的な強さによって、クメール人集団は、やがてその一部は海まで到達した。しかし、大部分の人たちはメコン川デルタ地帯およびそこに流れ込む中小の河川岸、トンレサープ湖岸周辺での日常生活を続けていた。そのクメール人集団がメコン川河岸各地に小拠点をつくり、地域自営の場を形成していった。時代で言うとおおよそ紀元前後ころから始まっていた。

一、二世紀頃から、初期インド人来航者が南海の物産を求めてやって来るようになった。

もともとヒンドゥー教そのものが、クメール人と同じく自然そのものに霊魂があることを信じ、それに伴う各種の宗教儀礼であり、それだけに違和感なく入ってきたと思われる。ヒンドゥー教の神々と共にインド人が持ち込んだ文物には、籾米、綴り字、王権の考え方、美術、犂《すき》などの農具や二頭立て牛の連結具、多くの生活用具、身体装飾のビーズ玉なども含まれていた。とくにインド人が持参してきたインディカ（長粒種）の籾米はクメール人を喜ばせたと思われる。想像であるが、クメール人たちは美味な米と共にやってきたヒンドゥー教の神々を手厚く安置すれば、もっと収穫量が増えるかもしれないと、ヒンドゥー教のシヴァ神のリンガ（男根像）を祀り、豊穣を祈ったのではないか。

クメール人の故地はどこか

それではマラリア抗体を身体に宿したクメール人は、もともとどこから来たのだろうか。カンボジア人の故地は現在の東北タイ地方のムーン川（メコン川の支流）下流域とメコン川中流域のチャンパサック地方で、河岸段丘に住んでいたとする説が有力である。この地方は内陸部ではあるが、水源に近く、農耕のために田地を段々畑のように整備できた。ダムあるいは川の流れを止め、分水路で水を確保したようである。現在のワット・プー遺跡の前に広がる大貯水池跡がその名残であるとの説もある。この地方では碑文によれば、五世紀ころ、シュルタヴァルマン王（K.958）という王が治めていたという。そして、近隣にはデーヴァーニーカ王の碑文（五世紀後半）（K.365）も発見されており、その碑文には『マハーバーラタ物語』の一節がそっくり引用再刻され、掲載されていた。ここはインド人バラモンの修行の場所であったともいわれている。

同じ頃、カンボジア南部では「扶南国」（漢文史料）がオケオ港市を通じ活発な交易活動を展開していた。ベトナム南部の海岸に近いところではヴォ・カイン碑文（四世紀頃）が発見され、その碑文にはインド文化の浸透が確認できる。

これに対してクメール人たちは時間をかけてチャンパサック地方からコーンの滝を避け、メコン川の左岸を通り、現在のコー・ケー地方を経由し、トンレサープ湖岸へ続く西北部カンボジアの大平原に出てきたようである。さらに湖岸沿いに進み、そして、南部地方において先住の「扶南」の人たちと出会うのであった。扶南の名称はクメール語で小山や丘を意味する「ブナム」（現代語プノン）が中国語になったといわれている。

クメール人たちは、「扶南」の人たちとの接触から、多くの地域文化情報を学んでいたようである。扶南の人たちは「醜黒拳髪」（『梁書』）で縮れ毛というからインドネシア系の人たちであったかもしれない（山本達郎、一九六六）。さらに漢文史料が伝える扶南は、中国への朝貢などを実施していた。扶南の人たちは、クメール人とは別の人だったという説もあり、オーストロ・アジア系語族の人たちを含めた国だったようである。扶南国は六二九年頃まで存続していた。

一九六一年の農作業の現場から「歴史」を考える

カンボジアの歴史区分は、わかりやすく三期に分けられる。八〇二年以前の「前アンコール時代」、「アンコール時代（八〇二〜一四三二年）」と、アンコール崩壊後の「ポストアンコール時代（一四三二〜一九六〇年）」である。これはフランス人研究者により組み立てられた時代区分である。

この輝かしいアンコール朝は、どこの国でも同じようにすぐに興起したわけではない。前アンコール時代には少なくとも史料で知られる一二名の王たちと、名の知れぬ地方の小王や土侯たちがいた。しかし、前アンコール時代の歴史を識る手掛かりとなる遺跡趾や碑文などは少ない。その時代は王宮、都城、寺院なども小規模で、木造であったことや、雨季の洪水も、考古学調査をむずかしくしている。その歴史を検証するには、長期間にわたる発掘作業が必要となってくる。

インドからインディカ米が到来し、水と太陽と気温に恵まれたカンボジアの大地では豊かな食糧生産が約束されていたという。天水の溜まった小池に籾米をザルから、そのままばら撒いていた（散蒔《ばらまき》）のである。

私は一九六一年にそうした田植の作業を現地で見ていた。水田の畦道《あぜみち》の高さまで、いっぱいに水を張り（湛水状態《たんすい》）、雑草が出てこない方式の田植えであった。カンボジアにおける農作業は「犂耕《りこう》→散蒔→鎌刈→牛蹄脱穀」であった。籾米が収穫されれば、人口は増え、新しい村が次々と分村する。しかし、乳幼児死亡率が高く、公衆衛生に問題があった。しかしカンボジアの恵まれた大地には見渡す限り水田が広がり、そこにはゆったりとした時間が流れ、パゴダ（寺院）を中心とした篤信的な日常生活が営まれていた。

なぜアンコール朝が最強の大帝国に発展したかというと、一つはアンコール地方の地理条件があったといわれている。そこはシェムリアップ川により長年にわたり形成された広域の大扇状地であり、クメールの人たちは、すこし高いところにバライ（貯水池）を造り、そこに雨水などを貯水し、わずかな傾斜を利用して水路をつくり、乾季に水を田地へ流して二期作を行なっていた。こうした水利による集約農業が人口増をもたらし、大寺院の建立を可能にした。

二つ目はプノン・クレーン高丘は「水がめ」で、そこから流れ来るシェムリアップ川など数本の大小の河川があり、乾季も涸《か》れることがなかった。三つ目は神がかり的アンコール帝国の発祥地にふさわしい宇宙観を説明する大道具とそのシナリオが、アンコール地方にはそろっていた。プノン・クレーン高丘を聖山須弥山に見たて、シェムリアップ川を聖河ガンジスに見たて、下流に広がる都城（＝聖都アヨーディヤー）をアンコールとした。四つ目は、アンコール都城は内陸にありながらメコン川およびトンレサープ湖を通じ湖沼・河川の川船（サンバン）などの交通を含めて、人の往来や流通の便がよかったこと、大小の河川交通がアンコール地方へ通じており、インド人・中国人など外国からの商人（船商）も来航していた。

アンコール都城の北側にそびえるプノン・クレーン高丘がカンボジア版須弥山になぞらえられた。

アンコールに先住していた人々

アンコール地方は古い時代から人が住んできた土地であった。石器時代の痕跡もほんのわずかであるが残っている。新石器時代の貝塚遺跡もある。トンレサープ湖岸のサムロンセン貝塚は、紀元前一五〇〇年頃のものと言われている。カンボジアおよび東北タイ地方の調査では、円形もしくは四角形のかなり広い地域を囲む環濠跡がしばしば見つかっている。いくつかの小規模の集落や、都城と言えないまでも城市が存在したようである。これら城市を囲んでいたのは石壁ではなく、盛土壁と環濠であった。生垣のように棘のある柵で囲われていたところもあった。おそらく当時の匪賊《ひぞく》の急襲に備えていたと思われる。当時の家宅は木造で、高床杭上式であって、その屋根と壁に代わる建材は、蚊除けのニッパヤシの葉をパネル状に編んだものであった。川船の舳先には、魔除けとして水の精霊ナーガをかたどったものが据えられていた。

中国史料に載るこの地域の国家としては、「扶南」と「真臘」がある。現地の政治情勢を捉えて中国史料は、真臘は「もと扶南の属国」(『随書』「真臘国」)と言及している。扶南の拠点集落はメコン川下流域のメコン川デルタ地帯に沿って内陸から海岸に向けていくつも存在し、オケオはもともと真水を補給する港市の一つであった。海岸に近かったので、インド人航海者などがやってくる交易場所でもあった。インド人航海者たちは紀元前後ごろ、マレー半島を横切り、または半島を回りやって来た。彼らはメコン川やチャオプラヤー川上流からもたらされる珍しい森林の物産を求めてやってきたらしい。碑文からはとくに少量の香辛料やゴマや白檀《びゃくだん》や胡椒、少ないが沈香《じんこう》など、鼈甲《べっこう》、真珠、香木、砂金など贅沢品を買い付けてインドに持ち帰っていた。オケオ港市からは、インドの商人が持ち込んだであろうローマのコインや西方ペルシャのカボションの彫りなどさまざまな品も発掘されている。

インド人来航者がもたらしたインディカ米(長粒種)

そうした南海の物産の需要が高まり、インド人来航者たちは東南アジア各地に次の船が来るまで現地の有力者に取り入って、当時高価な香辛料などの特産品を集荷してもらっていた。彼らは現地の人たちが喜びそうな色とりどりのガラス玉を持ち帰り、インド製の布地や西方世界の珍品

扶南国の港市オケオ遺跡。正面の小丘はバテ山。

を持ち込み、その見返りにさまざまな香辛料などの提供を受けていた。そして現地の人たちは、必要に応じてインドの生活用具や文物を生活の中に受け入れてきた。扶南国内では平和裡に長い時間をかけてインドから文物がもたらされ、山岳信仰や文字を通じ宇宙観や天文学などが伝えられた。

東南アジアには数千年かけて形成された独特の基層文化が存続していた。イインドから到来した農具、インディカ米、ヒンドゥー教の三大神、輪廻転生、転輪聖王の志向、王権の考え方などが、時間をかけてカンボジア的枠組みに置き換えられ、そして覆蓋化があったと思われる。それは一つの文化的「にがり」として外来のインド文化がもたらした役割であった。

六世紀ころの史料には、中国人と、その少し後にチャム人が伝えた一つの伝説があ

オケオから出土したローマコイン。ローマ皇帝マルクス・アウレリウス・アントニヌス（121〜180年）在位時代のコイン。

中国後漢時代の夔鳳鏡（きほうきょう）（2世紀後半）が出土している。

る。カウンディンヤ（憍陳如跋摩《きょうちんにょばつま》）というインド人バラモンが、夢でお告げを受けて扶南に到来し、この国の蛇王（ナーガラージャ）の蛇姫（ナーギー）に出会った。姫の名はソマーといった。バラモンはまもなくソマーと結ばれ、扶南が建国され発展したという。中国の『梁書』（巻五四「扶南伝」）は、五世紀ころの話として「憍陳如はもと天竺（インド）のバラモンで、神のお告げで扶南王になれと言われ……扶南の人はこれを聞いて国をあげて喜び、王位に即かせた。（憍陳如は）制度を改革し、天竺の法制を用いた」と伝えている。憍陳如の政治的活動は三五七年から四五三年であったと記録されている。この天竺の法制というのはインドの宇宙論や天文学、数学などであった。さらにそれから派生する「神なる王」の考え方、さらにインドからダルマ・シャストラなどの法律体系などが入ってきていた。

最初の都城バヴァプラとは

六世紀後半、一つの都城が建設された。その都城は、創建者バヴァヴァルマン一世（在位年代が判明しない王であった。五九八年に在位したヴィーラヴァルマン王の孫の孫にあたるという）そのバヴァヴァルマン一世にちなんで「バヴァプラ（「バヴァヴァルマン王の都」の意味）」と呼ばれた。バヴァプラの所在地は不明であり、諸説がある。その候補地の一つは現在のコンポン・トム市内から三〇キロほどのところの都城ソンボール・プレイ・クックである。その都城は中国語名を「伊奢那城」（『隋書』巻八二「真臘伝」）という。カンボジア名は「イーシャナプラ（Īśānapura）」であった。この都城はメコン川の支流セン川から直接河水を引き込んでいた。この雨水は都城周辺部の低い平地に溜まり、そして再びセン川に流れ込む。この河川に小規模のダムをいくつも造り、土地を区画整備して稲田をつくっていた。この方式は天候に左右されることなく水が確保できるようになっていて、初歩的な集約農業が始まっていたと推察される（考古調査による）。こうしてこの地方の社会経済的基盤ができあがっていた。

王国の広がりやその国の詳細については、中国史料（『隋書』同前）が伝えている。しかし、現地ソンボール・プレイ・クックには、断片的な碑文しかなく、はっきりしない歴史の空白部分が多い。「真臘伝」では「都城内には二万余の家があり、城中には大殿堂があり、ここにおいて王は政治を執り、大城の総数は三〇あり、それぞれ数千人の家があった」という。

考古調査からは、いくつもの小中の都城趾と祠堂跡が周辺に展開しており、数百年にわたって内陸クメール人の拠点であったことがわかる。当時のカンボジア国内では、群雄が割拠し、小土侯国が各地に形成されていた。その証拠にバヴァヴァルマン一世は、現在のバッドンボーン州北部に小碑文を残している。弟のチトラセナ（質多斯那）は、マヘンドラヴァルマン王（在位？～六一五年頃）と名乗り、東北タイへ兵馬を進めたことがわかっている。現在のコーン・ケーン以北まで領域を広げたという。マヘンドラヴァルマン王はこの東北タイの地に凱旋碑文をいくつか残している。マヘンドラヴァルマン王は兄王の後に王としてバヴァプラ都城に赴き、近隣において小征討を繰り返していたという。クメールの王たちが東奔西走し、地歩を築いていた史実が判明してくる。

初めてのクメール人都城、伊賞那補羅国（イーシャナプラ）

マヘンドラヴァルマン王は極めて偉大な王であったと、後世の碑刻文が伝えている。一二世紀のバイヨン寺院の碑文にもマヘンドラヴァルマン王の約六〇〇年前の活動とその事跡が言及されるなど、政治活動が伝承として語り継がれてきた偉大な王であった。とりわけ新都城ソンボール・プレイ・クックの南グループ都城の建立者として知られている。

ソンボール・プレイ・クック都城は現存するクメール建築の中でも古く、一群のレンガ祠堂塔

ソンボール・プレイ・クックのプラサット・トロピアン・ロビニ祠堂。

からなり、二重の土塁周壁が取り巻いていて、外回りは二六〇×二三六メートルある。現在は七つの祠堂と内側周壁の一部しか残っていない。塔門には、その台座に王の栄誉を称えた碑文が刻まれている。七つの祠堂の中央祠堂は長方形で量感豊かなレンガ造りの塔堂であり、外壁は浮彫り絵図で飾られている。その東にある小祠堂には、素晴らしい砂岩の持送り式天蓋がある。

有名な五点形配置の八角形の祠堂は、都城としての文化的風格を感じさせるものがあり、なかなか見応えがある。しかし約一四〇〇年前の建物であり、どの祠堂も損傷が激しい。内側の周壁にはメダイヨン（円形・楕円形の装飾モチーフ）の飾りが浮彫りで施されている。わずかしか残っていないが、その豪華な建築装飾から、往時は素晴らしい祠堂であったに違いない。

マヘンドラヴァルマン王は六一〇年頃に亡くなり、そのあと王位継承の抗争があった。そして結局のところ、息子のイーシャーナヴァルマン一世（六一五頃～六二八年）が六一五年頃に即位した。この王もさらに征服地を拡大した。そして碑文の発見場所から考察すると、ほぼ現在のカン

祠堂にある「空飛ぶ王宮」浮彫り。

ソンボール・プレイ・クック遺跡にある武人浮彫り。ローマ人のような顔立ちである。

ボジア全土にわたって征討したようであり、現在のタイのチャンタブリー地方の海岸にまでその版図を広げていた。同時代の中国の玄奘三蔵は、インド旅行（六二九〜六四五年）を記した『大唐西域記』の中に、インドのずっと東方にある「伊賞那補羅国（イーシャナプラ）」があると書き残している。

六二八年、イーシャーナヴァルマン一世が亡くなると、その次男の息子がバヴァヴァルマン二世として王位を継承した（六三九年の年号も確認）。しかし父王ほど政治的実力がなく、前王たちが築いたクメール帝国の統一を維持することができなかったようである。バヴァヴァルマン二世の治下では地方の小王たちは自立的傾向を強めていったのであった。
この王の後継者はコンポン・トム州北部に位置した小王国出身のジャヤヴァルマン一世（六五七頃〜六八一年）であった。国内では小国分裂状況にあった。

ジャヤヴァルマン一世の都城

ジャヤヴァルマン一世時代の碑文でもっとも古い日付は、六五七年六月一四日である。この日付は二つの祠堂の碑文に認められ、一方は現在のバッドンボーン（西北部）、もう一つはプレイヴェン（南東部）にある。両祠堂の建立者は、ジャヤヴァルマン一世の後ろ盾を得て建立したと述べている。従って、王がこれらの地域をほぼ征服し終えた時期に違いない。

ジャヤヴァルマン一世の都城はプラダプラと呼ばれたが、その都城趾はどこなのか、今も見つかっていない。現在のカンボジア南部には王に言及した碑文があるところから、都城が南部にあっても不思議はない。しかしながら、王が直接に命じて刻ませた碑文は一つもなく、この時代は祠堂が比較的多く建立された時代ではあるが、王自身が直接建立した寺院は残っていないという。

アンコール時代の碑文は、土侯国のアニンディタプラなる王国があったという。それは、アンコール地方にあったことを示唆している。ジャヤヴァルマン一世は七世紀後半に精力的に支配地を広げていたが、その中心地がどこの地方なのか未だにはっきりしない。一つの仮説ではあるが、

アンコール時代初期の山岳型寺院アク・ユム。西バライ建設のために境内は水没した。

その都城がアンコール地方に在ったと仮定するならば、現在の西バライ（貯水池）堤防下で発見されたアク・ユム寺院遺跡を含む地域かもしれない。しかし断定はできない。一一世紀の西バライの建設時にアク・ユム寺院の一部とその都城は水没してしまい、旧都城は西バライの湖底にその痕跡があるという。アンコール地方はやがて九世紀初頭にプノン・クレーン高丘内のロンチェンに祭儀のための小都城が築かれ、そして、ハリハラーラヤ都城には生活の場が開設されていた。そしてそれが九世紀末のヤショダラプラ都城に発展していくのであった。

群雄割拠する前アンコール時代末期

一九三二年に発見された前アンコール時代の遺跡、アク・ユム寺院は、間違いなくこの地方最初の国家鎮護の山岳型寺院である。西バライ建設時（一〇六〇年頃）に南堤により一部埋められてしまっていたが、その後、修復をした跡がある。レンガ造りで三層に積み上げられ、上部テラスには五点形に小塔が配置されている。調査によれば、その時代は八世紀後半であろうが、建立した王の名も、修復した王の名も不明である。最初に建立された寺院がどのような寺院であったかもはっきりしない。しかし、中央祠堂入口開口部の左右の壁は再利用石材で修復されており、そこに碑文が刻まれている。その年月日は六七四年六月一〇日とある。また、この寺院の周辺には、同時代のものと思われる都城趾の一部が認められる。

ジャヤヴァルマン一世は、イーシャーナヴァルマン一世とともに前アンコール時代を代表する王であると考えられる。ジャヤヴァルマン一世の継承者は、おそらく娘婿のンリパーディィチャ王であった。しかしンリパーディィチャ王は短期間の統治をしただけで亡くなり、ジャヤヴァルマン一世の娘ジャヤドゥヴィーが女王として即位した。アンコール地方ではジャヤドゥヴィーは七一三年という年代が確認されており、クメール古代史で認められる最初の女性君主であった。しかしながらンリパーディィチャ王もジャヤドゥヴィー女王も、碑文の内容が断片的であり、アンコール地方を統治していたということしかわかっていない。このように、強力な王権が不在となると、いつもの傾向として国内は小王国に分裂される。これらの小王国らしき名前がいくつかわかっている。小王国分立状態は、八世紀を通じて続いたと思われる。

「陸真臘」と「水真臘」の分裂

結局のところ七世紀のカンボジア人の統一国家イーシャナプラ朝（前アンコール期）は長続きしなかった。イーシャーナヴァルマン一世（六一五頃～六三七年）の後継者は、息子のバヴァヴァルマン二世（六四四年）であったが、国内の各地は群雄割拠し、分裂状況であった。その政治状況を中国史料（『旧唐書』と『新唐書』、『冊府元亀』）が伝えている。中国史料によれば、「神龍年間（七〇五～七〇六年）以後、真臘は二つに分かれ、南の海に近く湿潤の地を「水真臘」と言い、北方の山岳地帯を「陸真臘」あるいは文単国といった」（『旧唐書』巻一九七「真臘伝」）、「王は『婆羅提抜城（バヴァプラ）』に居住していた」（『新唐書』巻二二二「下真臘伝」）という。水真臘国内のカンボジア西北部の小国四国（僧高、武令、迦乍、鳩密）が貞観一二年（六三八年）に中国へ朝貢使節を派遣したという。

アンコール朝の創始者、ジャヤヴァルマン二世の征討事業

一〇世紀初めの碑文は、ジャヤヴァルマン二世（八〇二～八三四年）の登場時の政治的混乱を「新しい開花のために現れた王」と暗喩により包み隠していく。ジャヤヴァルマン二世による国内の平定作業を、時間軸でたどってみたい。

タイ国境近くの国境で発見されたスドック・カック・トム碑文（K.235 一〇五二年）では、アン

コール朝の創始者について詳しく言及している。八〇二年、一人の若い王子がジャヤヴァルマン二世として即位した。ジャヤヴァルマン二世の家系は、八世紀の前アンコール時代に有力な王家として、王朝の政治に関係していたらしい。

仮説として言われているのは、ジャヤヴァルマン二世となるこの王族は海から来襲したシャイレンドラ朝勢力によってジャワへ連れていかれたという説と、混沌とした水陸真臘分裂の時代、安全のためジャワ方面に避難したクメール人の王族であったという説である。さらに仮説に踏み込んで考えてみるならば、かつてジャワ島中部の強国シャイレンドラ朝がクメール王国の南部地方を征討し、確かに来襲し、一時一八世紀中頃のジャワ島中部の大乗仏教王国ボロブドゥールを占領した史実が伝えられている。そのときに王族たちを拉致して連れ帰ったという。その王族の中に次代のジャヤヴァルマン二世になる人物がおり、その後、帰国したということも考えられる。

ジャワのシャイレンドラ朝とはボロブドゥール寺院を造営した王朝であり、八世紀前半から九世紀半ばまで存続した。この王朝の勢力が水真臘全体を占拠し、宗主権を行使していたと言われている。

碑文によれば、この有力な王族家系出身の王ジャヤヴァルマン二世は、かつてその家系がヴィヤーダプラ（扶南国の首都特牧城、メコン川右岸、現在のバプノムに砦（『新唐書』巻二二二下））王国において権力の座に就いていたという。おそらく現在のプレイヴェン州にあった小王国のことである。王はカンボジア南部に帰国し、立国宣言のための特別の宗教祭儀を執り行なったという。この最初の儀式は、かつてカンボジアに対する宗主権を行使されていたと思われるジャワの強国（シャイレンドラ朝）との主従関係（宗主国）を断ち切る儀式であったという。

当時カンボジア国内はいくつかの小国に分裂していた。王は最初にメコン川河岸に在るクラチエ北部のソンボール地方の有力王国ソンブプラを征討し、その後インドラプラに都城を築いた。現在のコンポン・チャム州のバンテアイ・プレイ・ノコル遺跡に一致する。その遺跡は一辺四キロの巨大な盛土で造成されている。

王はしばらくインドラプラ都城にとどまり、その後、この都城を出て、王師（ヴラッ・グル）のシヴァカイヴァールヤとその家族を伴いトンレサープ湖の北にある、プノン・クレーン高丘へ向かった。「シヴァカイヴァールヤが東部地方に着いたときに、王はその家族に土地とクティという村を与えた」（K.235）。その東部地方とはアンコールの東にある地方を指すのであった。クティの名称は「バンテアイ・クデイ」遺跡として残っている。「それから王はハリハラーラヤの都で支配した。祭儀官もこの都に居を定め、その家族たち一族は王の腹心の従者に任命されていた」（K.235）。

「神なる王（デヴァラージャ）」の祭儀を立教

王はさらに北方に向かって征討活動を続行し、ラオス南部のチャンパサック地方のワット・プー寺院まで到達したようである。そこはクメール民族発祥の地と言われ、祖先の土着の神々が祀られていたという。「都の近くに陵伽鉢婆山（リンガパルヴァタ山）があり、その山上に社が

プノン・クレーン高丘の山中の岩盤に彫られたヒンドゥー教の神像。

あって常に兵二四人をもってこれを守っている。城の東に名を「婆多利」という社があって、人肉を献じていた」（『隋書』巻二八「真臘伝」）という。この霊峰リンガパルヴァタは現在ラオス南部に実在する。

それから王はダンレック山脈の南側に沿って進み、ついにその地方の土侯国アニンディタプラ王国を征討し（K.598）、ロリュオ地方にあるハリハラーラヤ都城に至った。さらに西方へ領土を拡大しようとして、アマレンドラプラ都城を建設した。この都城の所在地もまだ確認されていない。しかし、王はどうもこの遠征には失敗したらしく、まもなくこの都城を放棄し、アンコールの東側のプノン・クレーン高丘にやって来た。その高丘をインドに在るという須弥山に見たて、「マヘンドラパルヴァタ」と呼称し、そこに都城を築いた。このマヘンドラパルヴァタは「大インドラ神の山」とも言われていた。アンコール地方を見下ろす丘陵部ロンチェンを都城として増拡し、そこに「神なる王（デヴァラージャ）」の祭儀を執行する国家鎮護の寺院を造営した。そのロンチェンの一帯は丘陵上にもかかわらず伏流水が流れていたという。プノン・クレーン高丘はシェムリアップ川の源流であり、アンコール地方の給水塔となっている。「それから、王はこのマヘンドラパルヴァタにおいて覇権を握った。祭儀官シヴァカイヴァールヤとその一族は以前と同様に、王に仕えるためこの都にやってきた。そのとき、才能あふれる碩学のヒランヤダーマというバラモンがジャナパダ地方からやってきた」（碑文K.235）。ジャナパダがどこなのか現在もわからないが、王はかねてから「神なる王」を立教（開宗）する経典を創るために彼を招いていたのである。その目的は、クメール人の国がもはやジャワに従属しないように、加えて「転輪聖王」を唯一のものにすることであった。

招かれた高僧ヒランヤダーマは「神なる王（デヴァラージャ）」を立教する理論的背景を組み立てた。そして、祭儀官シヴァカイヴァールヤにその経典を教え、（典範を）始めから終わりまで吟誦《ぎんしょう》した。王とヒランヤダーマは、デヴァラージャの経典を具体的祭儀として執り行なうようにシヴァカイヴァールヤ家の一族に命じ、ほかの人が執り行なうことを禁じたのであった（K.235）。

ここに「神なる王」の儀礼を執り行なう世襲家族が誕生したのである。

インドではカースト制が存続し、最上階級のバラモンは祭儀執行者であった。このヒランヤダーマはインドから来航のバラモンであったらしく、立教の祭祀に熟知していた。ヒランヤダーマは王の命令に従ってシヴァカイヴァールヤに祭式や秘儀などのやり方を伝授したのであろう。

土着の精霊信仰との融合

ジャヤヴァルマン二世は八〇二年の即位後すぐに、バラモンのシヴァカイヴァールヤを招き、種々の祭儀を定着させ、新たにクメール人のための現人神《あらひとがみ》を誕生させたのであった。もともと国内の各地には、昔から土着の守護精霊が存続していた。現在の「ネアクタ」と言われる土地の神々や精霊がいたのであった。王は「諸王の中の王」であるという王権の考え方がインドから導入されたが、同時に各地の大小の守護精霊とも合体したのであった。

古クメール語では「カムラテン・ジャガット・ター・ラージャ（Kamrateṅ Jagat Ta Rāja、KJTRと略す）」、梵語（サンスクリット）では「デヴァラージャ」、つまり「王即神」の意味である。王とシヴァ神（ヴィシュヌ神）が合体したもので、王の神格化を立教する具体的例証である。しかしその内実は土着の精霊信仰を取り込み、「守護精霊の王の中の王」と併せて、王の神格化を理論的に説明したものであった。

ジャヤヴァルマン二世は、シヴァカイヴァールヤをデヴァラージャ祭儀専任の祭儀官に任命した。そしてこの一族は王の即位に関する儀礼、王室の祭政一致的な主務をこなし、王の近習としても活躍していたのである。こうした王と祭儀官の関係は、一〇五二年に製作されたスドック・カック・トム碑文（K.235）の中に詳細に報じられ、二五〇年前から続いてきたその世襲家族の栄光あふれる役職について詳しく言及されている。

世襲家系継承者一族からの抗議文

スドック・カック・トム遺跡はタイとカンボジア国境線上のタイ側へ数メートル内側に入ったところに在る。碑文はエイモニエにより二〇〇一年に最初に発見され、報告されている。遺跡の外周は東西一二六メートル、南北一二〇メートルで、中央塔はラテライトし赤色砂岩で造られ、東に開口部があり、ここが正面である。境内には六〇メートルの中庭が取り巻き、二重の回廊に囲われている。スドック・カック・トム碑文はこの遺跡内で発見された。高さ一・五メートル、四二×三二センチの石の四角柱の四面に、梵語二〇〇行と古クメール語一四六行が刻み込まれている。

このスドック・カック・トム寺院は、宗務家系一族の菩提寺であった。この碑文はサダーシヴァという宗務者世襲家系一族の元家父長が記した長文の碑文である。作成された年代は一〇五二年で、アンコール王朝初代の王から一〇五二年までの王朝建設の詳細な歴史の展開を記載している。その碑文から初めて「神なる王（デヴァラージャ）」の存在が明らかとなり、それは八〇二年の初代王ジャヤヴァルマン二世の時代から存続していたという史実も判明した。さらに、ほかの碑文などと比較研究しながら考察した結果、アンコール王朝創立からの歴史の概略が判明したのであった。

サダーシヴァが、この碑文を作成した意図は、宗務世襲家系の存在してきた埋由と、複雑な事情（王朝内の権力闘争と王位継承問題）を明らかにすることにあった。碑文によれば、デヴァラージャ祭儀を執り行なう権限は、ジャヤヴァルマン二世時代から自分たちの家系にだけ許されていたと、その歴史を回顧しながら史実を語っている。それにもかかわらず当時のスールヤヴァルマン一世（一〇〇二～一〇五〇年）は王命によりサダーシヴァの世襲的地位のハシゴを外し、即位式の祭儀そのものを担当させなかった。宗務を外された理由の一つと思われるのは、サダーシヴァが一〇〇二年のスールヤヴァルマン一世の即位に反対していたからと思われる。

当時、一〇〇〇年にジャヤヴァルマン五世が逝去し、ウダヤーディテーヤヴァルマン一世とジャヤヴィーラヴァルマン王とスールヤヴァルマン一世の三人が王位継承権をめぐり三つ巴の内戦となった。その内戦はアンコール都城近隣で一〇一〇年頃まで続いたようである。この長く続いた王位継承戦争の混乱の最中に、サダーシヴァはスールヤヴァルマン一世の敵方の王の即位式を執り行なってしまったと推察される。

内戦に打ち勝ったスールヤヴァルマン一世は、即位式の権限を持っていたサダーシヴァを宗務職から外し、もっと高位の地位を特別に授与したのであった。そしてスールヤヴァルマン一世は、サダーシヴァの家系の分家の宗務家系の祭儀官に即位式を執り行なわせたのであった。

つまり、スールヤヴァルマン一世は敵王の即位を執り行なったサダーシヴァを高位の祭儀官の宗務職から外して、時間をかけてこの正統な宗務家系をつぶすつもりであったと思われる。スールヤヴァルマン一世は、かつて敵王に仕えていた高官（査察官）たちに対して、忠誠を誓う儀式に強制的に出席させ、その忠誠の証拠が検分できるように王宮入口の塔門にその名前を刻ませた、厳格な王であったことは間違いない。この慣例は現在も続行され、王宮内の宣誓式となっている。

碑文に綴られた告発文を再考

サダーシヴァは、王命により還俗《げんぞく》させられ、世襲の宗務から外され、王妃ヴィーララクシュミーの妹と婚姻させられた。そしてその名前をジャイエンドラパンディタに改め、王に仕えていた。形の上では王から「ラージャプロヒタ（王の宗務官）」という最高位の称号をもらってはいたが、実質的には降格人事であった。今日でもカンボジア社会ではよくある事例である。しかし、サダーシヴァとその支援者たちは王の権限に対して何の抵抗もできなかった。

サダーシヴァは、アンコール都城から彼の家系の菩提寺であるスドック・カック・トム寺院に戻り、この配置転換された事実およびはずかしめを受けた詳細を菩提樹の下に眠る祖先たちに報告し、この碑文はその正義を問う告発文を、王の逝去後にしたためたのであった。サダーシヴァは、その身分、地位の変更に対して、憤りを込めて、その経緯と史実を碑文に書き記したのである。

碑文において、サダーシヴァは最初に、自らの家系はジャヤヴァルマン二世の許で王の正統な王権の儀式を執り行なった由緒ある世襲家系であることを淡々と語り、その二五〇年間におよぶ来歴と歴代の王と共に歩んできた輝かしい王宮内の宗務実績を強調し、その胸の内のやるかたない気持ちを祖先に報告している。

一〇五〇年にスールヤヴァルマン一世が逝去し、次のウダヤディティヤヴァルマン二世の即位後二年を経過した一〇五二年に、サダーシヴァは待っていましたとばかりに、新王に善処を求める上奏文を作成したのであった。そして崇高な家系が消えることなく永遠に伝承されるように碑文に刻み込んだのであった。

サダーシヴァはその碑文の中で、自らの家系が歴代の王に仕えてきた世襲家系であることを詳しく述べている。それ故に歴代の王の即位年代および当時の王の事跡が明確に示され、それまで碑文に王名しか載っておらず、不確定だった王の在位と継承の史実が明らかにされたのである。

アンコール朝の歴代の王たちは、必ずしも王から王の息子（兄弟）に継承されていない。二六名の王名が判明しているが、ほとんどが実力で権力を使って王位を獲得していると言える。古代カンボジアにおいては、政治権力と宗教的権威の宗務者家系が、互いに依存関係をもちながら王の権力と神がかり的権威の保持に努めてきた。政治権力が王権の世俗的側面を維持し、宗務家系が王権の神授的・権威的な背景を演出してきたのであった。宗務家系は諸王に対してカンボジア的宇宙観および宗教的威厳を吹き込み、崇高な大伽藍の建立を実現させたのであった。

現存する碑文史料は、少数の人たちが奉納した特殊な文書ではあるが、そこに記載されている内容は、彼らの考え方や価値判断をもっとも端的に表した当時の社会の重要な記録であり、メッセージである。その意味において、碑文の内容が断片的であっても、また特定の事柄に偏向していても、その当時の社会を知る重要な史料であり、手掛かりと言わねばならない。従って、碑文に綴られている文節を一字一句注意深く解読することによって、碑文を刻んだ人たちの歴史と生の声を、部分的ながら再現することができるのである。

偉大な王ジャヤヴァルマン二世の遺跡はどこか

ジャヤヴァルマン二世は八三四年、ハリハラーラヤ都城で亡くなった。プノン・クレーン高丘から平地のハリハラーラヤ都城に落ち着いたのはいつであろうか。王の治世の晩年は極めて平穏であったようである。「守護精霊の王の中の王」を宣言した後、カンボジア西南部のまだ征服していなかった王国までは、影響力を拡大しようとしなかったように見える。

ジャヤヴァルマン二世は帝国の栄えある創建者であったにもかかわらず、長い間王が建立した寺院さえも確認できなかった。しかしながら最近の調査の結果では、ロンチェン寺院はジャヤヴァルマン二世のものと思われる。この寺院はプノン・クレーン高丘の最高峰の頂上部に建てられている。おそらくこの寺院が王の輝かしい即位式の晴れ舞台となったのではないだろうか。この寺院の造りは複雑で損傷が激しい、おそらく建設を急いだためであろう。さらに、ジャヤヴァルマン二世時代に属すると思われる祠堂が近隣にいくつか判明しているが、地方土豪が建てて奉納したということもありうるので、この寺院をすべて王が建立したとは言いがたい。

インドラプラ（現在のバンテアイ・プレイ・ノコル寺院）都城に在るプリヤ・テット・トムとプリヤ・テット・トチュは、初期の祠堂であった。しかし、ハリハラーラヤ都城のロリュオ遺跡群になると、ジャヤヴァルマン二世時代の寺院を探すのはより困難である。かつての都ソンボール・プレイ・クック都城では、ちょうど遺跡群の中のＣグループと言われるものがこの時代であるとされている。

ジャヤヴァルマン二世はどんな征服者か

ジャヤヴァルマン二世に関する情報は、後世の碑文が引用言及され明らかになっており、この王についてはいくつもの言説が語りつづけられてきた。碑文の内容に沿った口承伝承があったことはいうまでもないことである。しかし、王は死後まもなく伝説的人物となり、著しく誇張されて語られているのではないかという説もある。いずれにせよ、ジャヤヴァルマン二世は亡くなった八三四年以降においても、特別な扱いを受けつづけていたのである。

王の息子がジャヤヴァルマン三世（八三四頃～八七七年）としてその王権を継いだ。王はロリュオ遺跡群の一つプラサート・モンティー寺院を造営したとされている。その寺院は、当時の王宮（位置としてはプリヤ・コー寺院の背後）に在ったであろうと思われる。ジャヤヴァルマン三世の後継者はインドラヴァルマン一世（八七七～八八九年）であるが、この二人の王の間にはかなり長い空白期間があった。ジャヤヴァルマン三世のような王が、四〇年以上の長期間にわたり統治したとは考えにくい。しかも王の足跡が断片的にしか確認できないからアンコール朝初期の一つの謎でもある。

八世紀後半から九世紀にかけて国内統一を成し遂げ、アンコール朝の創建者と言われるジャヤヴァルマン二世およびその後継者ジャヤヴァルマン三世とはどんな王であったかを考えてみたい。

とはいえ、両王に関する在位中の碑文は二個（K.103、K.134）しかなく、言及されている碑文はすべて後世に刻まれたものである。ジャヤヴァルマン二世の統治は八〇二年から八三四年の三二年間で、ジャヤヴァルマン三世の統治は八三四年から八七七年の四三年間である。

アンコール王朝事始め

ジャヤヴァルマン二世がジャワと呼ぶ地域（現在のジャワではなく、ジャワ方面を指すと同時にスマトラ方面も含む広い地域）から帰国したとき、カンボジア国内では各地に地方勢力が割拠していた。碑文（K.235）によれば、王はまずインドラプラ地方を征討して、そこの王となった。その年代が七七〇年であった。次に王は北上してソンブプラ王国を討ち、その地域を支配下においた。その年代が七八一年であった。当初、身元と身分を証明する証拠品を持たなかったジャヤヴァルマン二世は、地方の名高い由緒あるソンブプラ家系に入り込み、自分の血族証明の後ろ盾にしたようである。

こうしてインドラプラ地方、ソンブプラ地方を征圧したジャヤヴァルマン二世は、次の征伐目標をアンコール地方とした。七九〇年ころアンコール地方を平定し、その後アンコールの北西部地方に比定されているアマレンドラプラ都城を建設したという。当然のことながらアンコールに近い地域にあった大小の地方勢力も支配下に入り、その一つで由緒ある土侯国アニンディタプラ家系勢力も王の親征を受けたと思われる。こうしてアンコールおよびそれに隣接した諸地域を征服した王は、再びアンコールの中心部に戻り、マヘンドラパルヴァタ（プノン・クレーン高丘）において八〇二年に王として即位したのであった。

ジャヤヴァルマン二世は軍事行動で国内の地方勢力の帰順を促し、平定していく一方で、宗教的権威であるバラモンのヒランヤダーマと祭儀官シヴァカイヴァールヤらの助勢を得て、まずジャワのシャイレンドラ朝の宗主権否定の儀式を執り行ない、そして「転輪聖王」および「神なる王（デヴァラージャ）」の祭儀を次々に創設し、新王の権威を国内外に周知させようとした。これはジャワ方面からの再来襲や占拠を魔除け祈願的な秘法儀式で排除する祭祀であった。この祭儀の歴史的背景は、カンボジアが八世紀にジャワのシャイレンドラ朝などに占領されていた史実を踏まえたものであった。

なぜアンコールが首都となったのか？

アンコール地方が王都に選ばれたのは、碑文によると、ジャヤヴァルマン二世による国内平定の途中においてであった。王は国内統一のため、「神なる王」の祭儀を掲げたが、これを執り行なう場所にはプノン・クレーン高丘が好都合であった。しかし、プノン・クレーン高丘は宇宙の中心都城を造営するには不便な山の中であった。そこで、「神なる王」の宗教儀式を執り行なう霊験あらたかな場所を探したのであった。しかし、そこは山中で不便であったので、王国の実務は約三〇数キロ離れた、平野部のロリュオス地域（後のハリハラーラヤ都城）で執り行なわれたようである。このロリュオス地域は九世紀以降、副都城として役割を果たしていたようである。そこはトンレサープ湖岸に近く、メコン川を利用できる国内交通の要に位置していた。

アンコール時代の初期は、碑文が伝えるところによれば、初代ジャヤヴァルマン二世の時代も、後継者ジャヤヴァルマン三世の時代も、国内平定のため二人の王は東奔西走の連続であった。

私の仮説ではあるが、初期二代のジャヤヴァルマン二世と三世の治世は、国内平定作業に約七〇年かかったと考えられる。征服した地域の反乱分子とその家族をおそらく数百人単位でロリュオス付近に連行し、王の監視付直属の部下（奴隷的身分の建寺作業員）として使役していた。また、ジャヤヴァルマン二世の後宮の中の一人の王妃の父はインドラヴァルマン一世であった。捕虜となった人たちはバライ（貯水池）の作業に従事させていたようだ。これら連行者を建寺作業や土木工事および森林伐採に使役したので、新都城ロリュオスでは五年間で大きな三寺院が建設できた。また、彼ら土木・建寺作業員とその家族たちは農作業にも従事し、日常の食糧が確保されていた。そして、次の新首都プノン・バケンにおいても彼らは引き続き使役され、ロリュオスでの経験を発揮したのである。

硬軟戦術で地方を帰順

ジャヤヴァルマン二世の足跡は、インドラプラ→ソンブプラ→ハリハラーラヤ→アマレンドラプラ→マヘンドラパルヴァタ→ハリハラーラヤというように辿ることができるが、この六回以上の移転はとりもなおさず兵員一族を従えての国内各地の転戦であった。家族も一緒だったという。地方征討については、一一世紀の碑文が「武将に命じ、すべての地方を平定させた」と言っている。その武将の中の一人がプリティヴィーナレーンドラであった。彼は「火の如く敵兵を焼いた」と述べている。この武将はマルヤン地方（バッドンボーン州の南の地域）を征服するよう命じられていた。

王は南部のインドラプラ地方から北西部のアマレンドラプラ地方まで各地において軍事行動を展開し、治平していったが、この足跡は逆に各地に地方勢力の抵抗があり、容易に統一が進まなかったことの証左でもある。ジャヤヴァルマン二世は七七〇年頃から約六〇年間にわたり国内統一のため各地で征討に明け暮れていた。こうした王の軍事的な実績と偉勲が後世に伝承され、畏敬する王として言及され、カンボジア王権の権威の源泉となり、偉大な王朝創建者と考えられるようになったのであろうか。

王位継承と権利を主張する一〇名の王妃たち

碑文には「それから王はハリハラーラヤの都を支配するために戻ってきた。そこにも再び神王なる儀式をもち帰った」という。「王はこの『神王』が安置されているハリハラーラヤの都で死んだ」とある（K.235)。

こうした力による征服および宗教的祭儀に加えて、ジャヤヴァルマン二世はさらに施政者の常套手段である婚姻によって地方の政治勢力との紐帯《ちゅうたい》を強めていった。碑文を精査していくと行間にそうした政略婚が浮かび上がってくる。王は六〇余年に及ぶ生涯で、多くの妃・妻妾を娶《めと》っていたと考えられるが、碑文に名が記載された王妃は一〇名しかいない。

当時地方に割拠していた有力なアニンディタプラ家系やバヴァプラ家系および高い位階をもった家系などはジャヤヴァルマン二世との間に政略的な婚姻を成立させていた。こうした縁組と同時に、各家系勢力から王の許に連れてこられた姫君は、王の後宮に入り、忍従の日々を送っていた。姫君の側近として随行した補佐的役職者たちは、やがてその職分と活躍ぶりに応じて、徐々に王の信頼を勝ち得て、高位の臣僚や軍の長、王宮内の高官や役職に登用されていったようである。また王の側近の縁者との婚姻もあったようである。こうした役職への登用は、ある意味でその者の出身地方の反乱を防ぐという政治的背景があったと思われる。

娘婿だったジャヤヴァルマン三世

碑文を詳細に検討していくと、王妃の王子たちが王位継承権保持者として碑文に載せられている。王妃各派は継承者の資格のある王子を擁立《ようりつ》し、その王子の登位を目指して宮廷内で権力闘争を繰りひろげていた。結局のところ次代の王は、インドラヴァルマン一世の娘であるダラニンドラドゥヴィー王妃が生んだジャヤヴァルマン三世が選ばれた。知られているだけで一〇人に及ぶ異母兄弟を抑えて、王位に就いたのである。

ジャヤヴァルマン三世は、地方の名門家系や重臣・役職者の血縁にあたる王位継承権を主張する王子たちを退け、八三四年頃に若くして王位に就いた。新王は「ジャヤヴァルマン」の名前をそのまま世襲しているが、「ガルベシュヴァラ（生まれながらの至高者）」という名前でも呼ばれた（王位継承権を主張できる王子一〇名は碑文上に確認できるが、ジャヤヴァルマン三世の登位はK.315に明記されている）。

ジャヤヴァルマン三世の登位の背景

これは仮説の中の仮説ではあるが、ジャヤヴァルマン三世が登位できた理由は、ダラニンドラドゥヴィー王妃およびその縁故者の某ルドラヴァルマンの強力な擁立があったためと思われる。ジャヤヴァルマン二世はハリハラーラヤ都城で死去したが、そのとき、このダラニンドラドゥヴィー王妃派はほかの王位継承者勢力や反対派などを抑え、若い王を王座に就けたようである。この王妃派は若いジャヤヴァルマン三世を介して王権を実質的に握り、家系直系のインドラヴァルマン一世を次代の王位に就かせようと目論んでいたのではないか。

ジャヤヴァルマン二世はアマレンドラプラ都城を攻略し、さらにマルヤン地方（現在のバッドンボーン州）へ数回の征討を行なった。そうした遠征の折、このインドラヴァルマン家系の人たちが大きく参画していた可能性がある。インドラヴァルマン家系は、ルドラヴァルマンを中心とする地方名門家系であり、インドラヴァルマン一世はルドラヴァルマンの孫にあたる。八七九年のプリヤ・コー碑文（K.713）の中には、ダンレック山脈に近いジェン・ヴノム（「山の麓」の意味）地方およびマルヤン地方に関する記述があり、これらはインドラヴァルマン家系の人たちがジャヤヴァルマン二世の両地方への征討に参加した事実に基づき載せたものであろう。

ジャヤヴァルマン三世は祖父の家系の人たちの支援を受けながら各地へ出兵していた。インドラヴァルマン一世王の即位は遅れたが、ヤショヴァルマン一世（八八九〜九一〇年頃）を次の世に送り出す実力を備えた家系に成長していくのである。ジャヤヴァルマン三世の死後、インドラヴァルマン一世は登位を果たし、その息子ヤショヴァルダナ（ヤショヴァルマン一世）に名門ソンブプラ家系の血筋のインドラドゥヴィーを王妃として娶《めと》らせ、正統な王家に成長していくのであった。

第三章
アンコール王朝を造営した炯眼の王

王たちが成すべき仕事

インドラヴァルマン一世は、前王ジャヤヴァルマン三世（八三四頃〜八七七年）の祖父にあたる。高年になっていたが、八七七年に王位に就いた。前王の生母ダラニンドラドゥヴィー王妃はインドラヴァルマン一世の娘であった。インドラヴァルマン一世はこの三世王の政治的後ろ盾となり、敏腕を振い三世王を登位させた。

インドラヴァルマン一世はなかなかの戦略家であった。ジャヤヴァルマン一世（八〇二〜八三四年）は地方征討に際して、硬（武力）と軟（政略結婚）両様の戦術を使っていた。インドラヴァルマン一世は若くしてジャヤヴァルマン二世に仕えながら、一族の娘を二世王の後宮に送り込んでいた。後世においてもジャヤヴァルマン二世について言及する碑文が多くあり、そうした碑文を精査すると、ジャヤヴァルマン二世の後宮では、一〇名の王妃とその王子一〇名と後ろ盾の一族たちにより、次の王の座をめぐって激しい争いがくりひろげられていた。碑文上から年代順に次々と（抗争に負けた？）王妃と王子の名前が次々と削られていった（拙著『〈新〉古代カンボジア史研究』p.132参照）。

その結果、インドラヴァルマン一世の孫のジャヤヴァルマン三世が即位したのであった。インドラヴァルマン一世はその新王ジャヤヴァルマン三世の後ろ盾となり、共に各地へ平定に出かけ、王を守り立てていたようである。そして三世王の逝去後は、王位がインドラヴァルマン一世の掌中に帰したのであった。それ故インドラヴァルマン一世の在位は一二年間と短いが、アンコール王朝の王たちが成すべき三点セットの原案と見本を創り、そして建設して具体的に例示した王であった。当時の宇宙観に立脚した大都城、国家鎮護の寺院、大王宮、そして、アンコール王朝の農業経済の基礎となるバライ（貯水池）造成であった。

九世紀後半ころからハリハラーラヤ都城では、バライである「インドラタターカ（インドラヴァルマン一世の貯水池という意味）」の開発が進み、バライによる収穫物（おそらく籾米）およびジャヤヴァルマン二世と三世が遠方から連行した大勢の人的資源を使役して、八七七年から一二年かけて大寺院などが同時に三か所建設された。同時並行して木造の王宮の建設も進められたようである。

王位を継承した新王はどのようなことをしなければならないか、「神なる王（デヴァラージャ）」を裏付ける具体的な大道具そのものをハリハラーラヤ都城において建設し、その見本を提示したのである。プノン・クレーン高丘のロンチェン祭儀場から脱して、新王がなすべきインフラの具体的事例を例示したのであった。アンコール王朝約六〇〇年にわたる繁栄の基本的枠組みを例示した王であり、その王の戦略と炯眼《けいがん》を高く評価したい。アンコール朝の二六名の王たちは、この三点セット建造のために頑張るが、これをまともに実現できたのは六名の王だけであった。

高齢の王の即位、インドラヴァルマン一世

インドラヴァルマン一世の登位（八七七年）を記した碑文は、カンボジア南部のプノン・バヤン寺院にあり、さらに遠く離れた現在のタイ東北部でも発見されている。前者はインドラヴァルマン一世がプノン・バヤン寺院の古い祠堂のシヴァ神に捧げた旨が記されている。後者は八八六年の仏教系の碑文であり、インドラヴァルマン一世をこの時代の王として述べている。

王はハリハラーラヤ都城の最高権力を公式に獲得する以前に、すでに事実上カンボジア南部を中心に、ジャヤヴァルマン三世と共に全国にわたり討伐していたようで、三世王が亡くなった時にはかなり高齢になっていた。前歴から考えると、即位前にすでに政治的実力者であり、国土のほとんどを支配下においていたと推定される。宗務高官シヴァソーマが執筆した碑文（K.235）の中には当時に言及して「王の命令は中国、チャンパー、ジャワの王たちの高慢な頭上に輝く宝冠のようであった」とある。この時代におけるカンボジアの対外関係の認識を示す内容である。アンコール朝の王たちが今後実施すべき具体的なシナリオを描き、その大道具の見本を造成して見せた偉大な王であった。

水利都城を初めて建設した王

インドラヴァルマン一世は、即位後一〇年ほどの間に水利都市の事業をやり遂げていた。一世王の治世下で、初めて村人を賦役（「ラーシャ・カールヤニ（王への奉仕税＝賦役）」）に従事させ、バライ（貯水池）「インドラタターカ」（三八〇〇×八〇〇メートル）に盛土堤防をつくり、準備したようである。そして王の配下の村長（メ・クム）などが、バライの維持と水路の管理を手伝っていたようである。碑文は短く事実しか伝えていないのでその詳細はわからないが、アンコール地方において、九世紀に初めてバライ方式による二期作（あるいは三期作）の水稲耕作が開始されていたようである。

アンコールの大地を豊穣の沃野《よくや》に変えたのは、このバライの水利網により乾季の二期作が実現し、集約農業が実施されたからである。雨季と乾季のあるカンボジアでは、貯水のための盛土堤防のバライを造成して、雨季の洪水を緩和し、乾季にその水を使って田地を潤し収穫したのであった。

その経済的成果として五年間で三寺院を建設できるほどの人口の集中と地域経済の発展があった。具体的には国家鎮護寺院のバコン、祖先を慰霊する祖寺プリヤ・コーとプラサット・モンティ寺院、それにこの二祖寺の背後に位置した木造の大王宮であった。ジャヤヴァルマン二世と三世の両王は征討に明け暮れ、各地からその捕虜をハリハラーラヤ都城に連行し、王直属の奴隷として使っていた。そうした人的資源を使役してこれらを建設し、完成できた。

このインドラヴァルマン一世は、統治期間は短いが、王朝の政治基盤を確立し、バライ方式の農業生産をしっかり打ち立てたようである。ジャヤヴァルマン三世の後見役が長期に及び、三世不在時の代役をロンチェンとハリハラーラヤを往復して果たしていた。さらに、一二年の間に統治はカンボジア南部まで及び、バヴァヴァルマン二世（六四七年）以降、地方は小国に分かれ、約一五〇年あまり群雄が割拠していた国内を、ジャヤヴァルマン三世とともに初めて統一した王でもある。碑文の考察から、インドラヴァルマン一世は少なくとも前の二人の王、ジャヤヴァルマン二世と三世が平定した地域を引き続き統治していたと推察できる。

インドラヴァルマン一世の治下では、バライ（貯水池）方式による水路を使って田越灌漑の耕作を実施していたようである。一世の治下のハリハラーラヤ都城（現在のロリュオス）では、初めてその人工の大バライ（貯水池）の造営が、八七七年に開始されている。これが現在のロレイの貯水池インドラタターカであり、その冠水面積は三〇〇ヘクタールに及び、その貯水量は一〇〇〇万立方メートルであった。それまでの約一〇〇倍の広さの田畑に給水することができた。碑文には言及がないが、いろいろの農作業を試みて失敗を繰り返すうちに次第に成功事例が確立されていく途中にあったかもしれない。

何よりも成功へ導く要因はアンコール地方が自然の大扇状地であったことである。約一キロ行って約一メートル下るゆるやかな斜面であり、それを利用して水路をつくり、田地を耕していた。これこそアンコール王朝に大繁栄をもたらす自然的条件の原点であった。当時の人たちはバライの周りを盛土版築の土手で囲い、その堤防をコの字型に造り、そこへ雨水や一部河川の水を引き入れ貯水したのである。雨水がこの土手内のバライに自然に溜まる方式である。そして低いところに水門装置をつけ、土手の内側と外側に副水路となる小溝を掘ったのであった。

わずかな傾斜面を利用した扇状地農業は水利網による農業開発であった。結果として食糧増産がもたらされ、扶養、人口の増加が進んだのである。それ故、建寺の人手が増え、大寺院の建立が可能となったのであった。そして、東南アジアで最も富裕で、強力な王朝がここに誕生したのである。その成果として、のちのアンコール・ワットに代表される巨大な石造伽藍など大寺院の建設が可能となり、次々と建寺作業が続き、意気天を衝く大栄華をもたらしたのである。

祖寺プリヤ・コーを奉納した高位女系家族

バライに続き第二の工事は、八七九年、慣例に従って亡き先王たちの霊を称え、多くの王室関係者や王の官僚たちが納得するように祖先を祀るプリヤ・コー寺院、その祖寺の建立であった。祀る筆頭人物は最初の偉大な王であったジャヤヴァルマン二世であった。この祖寺は一・五メートルの高さの基壇上に建てられ、その敷地は長さ五〇〇メートル、幅四〇〇メートルであった。敷地内にはほかには建造物の痕跡は認められない。おそらくその後方部にはインドラヴァルマン一世の住む木造大王宮があったと思われる。

プリヤ・コー寺院では祠堂が同一基壇の上に三塔ずつ二列に並ぶ。前列の中央祠堂は両側の祠堂よりほんの少し西にずれている。ここにはシヴァ神パラメシュヴァラ「至上神」が祀られていた。パラメシュヴァラはジャヤヴァルマン二世の死後の呼び名でもある。前列北側の祠堂にはインドラヴァルマン一世の母方の祖父の化身であるルドレシュヴァラ神（ルドラヴァルマン一世）、南側の祠堂にはインドラヴァルマン一世の父プリティヴィンドラヴァルマンのプリティヴィンドレシュヴァラ神が祀られていた。これらの祖先崇拝は原カンボジア文化の名残りであろう。

平面型祖寺プリヤ・コー。レンガ造りの祠堂に漆喰が施されている。

これら守護神にはいずれもシヴァ神の冠称名がつけられており、シヴァ神とこれら王たちとの合体したシヴァ・リンガ（インドレ・シュヴァラ（インドラヴァルマン一世とシヴァリンガ））が安置された祠堂は、より神秘性と土着性を意図して演出したものと思われる。後列の祠堂は前列より小さく、それぞれの王の正室に捧げられたもので、王妃たちにまで神の名前がつけられ、ヒンドゥー教の土着化を目指した祠堂といえる。
これら守護神にはいずれもシヴァ神の冠称名がつけられており、シヴァ神とこれら王たちとの合体したシヴァ・リンガ（インドレ・シュヴァラ）が安置された祠堂は、より神秘性と土着性を意図して演出したものと思われる。後列の祠堂は前列より小さく、それぞれの王の正室に捧げられたもので、王妃たちにまで神の名前がつけられ、ヒンドゥー教の土着化を目指した祠堂といえる。

国家鎮護寺院バコンを造営

インドラヴァルマン一世は、ハリハラーラヤ都城の真ん中に国家鎮護の寺院バコンを建立した。砂岩による五段の基壇を積み上げげた山岳型寺院であり、その宗教的威容を演出すべく周りには小祠堂、四隅に巨象立像、シンハ（獅子）像などを飾り、優雅な大小の装飾道具が並べられている。そしてこの崇高な寺院を環濠が取り巻いている。環濠は幅五〇〜六五メートルあり、東西八〇〇メートル、南北六〇〇メートルの敷地を取り囲んでいる。この環濠を分断する四本の基軸道路は寺院の出入口で、そのうち南北の道路は中央祠堂の中心軸より少し西寄りにずれている。この環濠の内側にはレンガ造りの小祠堂が二六か所設置されている。外周壁はラテライト（紅土）造りで、東西三五〇メートル、南北三二〇メートルあり、環濠の内側を縁取りしている。

環濠を横切る陸橋の参道は、かつては大型のナーガ（蛇神）の欄干が設置されていた。このナーガの欄干はアンコール都城で初めて設置された蛇神で、巨大な石材から造られており、重厚感がある。現在は地面に無造作に放置されており、ナーガの鱗は剝げ落ち、五つ頭のナーガも頭部が紛失していた。塔門が東西南北に四つあり、参道に通じているが、北と南の塔門は小さめの造りである。境内には後世の上座部仏教寺院があり、僧院が併設され、ここ数年さらに増設されている。

山岳型寺院バコン。砂岩で造営された中央祠堂。

基壇のラテライト壁、その外側の砂岩が崩れないように支柱が設置されている。

国家鎮護の寺院とその境内の祠堂の配置

境内周壁は同じくラテライト造りで、一二〇×一六〇メートルあり、すべての神聖な建造物を囲み、周壁の塔門をくぐると、石畳の参道に出る。さらに進むと、東西に長く参道に平行した石室が両側にある。そして中央祠堂の入口階段下に達する。

山岳型寺院はインドの宇宙観をカンボジアなりに解釈し具現した寺院であり、ヒマラヤの霊峰にある神々の住む須弥山を模して、基壇の上に尖塔を造ったのである。中央祠堂は、二〇世紀初めに発見されたときにはかなり崩れ落ちていた。一九一一年の、フランス人のラジョンキエール中佐の現地報告が、その崩壊状況を伝えている。なぜ中央祠堂が崩壊していたのか、その理由は仮説ながら一つの説がたてられた。インドラヴァルマン一世の後継者たちが、王位争奪戦の時に破壊してしまったのであろう。

一九三六年から一九四三年にかけてフランス極東学院が修復工事を実施し、もともと使われていた建材を中心にフランス人建築家モーリス・グレーズがアナスティローズ工法により寺院を復元した。このアナスティローズ工法はもともとギリシアのパンテオン神殿修復において開発された石造建造物の修復技法で、石材と石材の内側に鉄筋を渡し込み、セメントで固定する技法である。アンコール遺跡では一九三〇年代に初めてアンリ・マルシャルによりバンテアイ・スレイ寺院修復に使用された。

中央寺院を検証した結果、壁面のデヴァター（女神）の浮彫りは一二世紀半ばのアンコール・

ワット様式の末期であることが判明した。従って、この中央祠堂の修復は建築様式からアンコール・ワット時代に補修され、再建されていたようである。中央祠堂は東の正面入口のほかに三面の偽扉があり、身舎《もや》の上部構造は次第に縮小していく尖塔形状となっている。

寺院本殿の各基壇の石段を守るのはシンハ（獅子）である。第三基壇上には角々に石造の巨象が安置され、第四基壇上には小祠堂が一二か所つくられている。第五基壇上の壁面は薄肉浮彫りが施されているが、現在は断片しか残っていない。これらの遺跡は全体としていかに念入りに寺院が建立されていたか、いかに装飾が素晴らしかったかを裏付けている。

バコン寺院の基壇に残された絵図。最古の浮彫りと言われている。

主神の創設と礼拝

当時の寺院の基壇は環濠を掘った後の土砂をつめ込み、版築《はんちく》して築き上げた土饅頭である。その外壁は、ラテライト（紅土）石、さらに外側には浮彫り可能な砂岩で取り囲まれ、浮彫りができるようになっていた。

中央祠堂には当時の主神インドレシュヴァラ神のリンガ（男根）が祀られていたと思われる。八八一年当時は、諸神の列に加えられる新しい主神である「インドレシュヴァラ神」を安置するため特別の仮設の木造小祠があったと碑文は述べている。

この寺院の周囲にはレンガ造りの大きな祠堂が八基建設されている。それぞれ正方形の基礎土台の上に建てられていて、上部は凸角を成す二層構造になっている。これら祠堂はすべて東向きで、シヴァ神のために捧げられた祠堂でもある。祠堂はレンガ造りであるが、開口部の枠組み、柱と偽扉は砂岩造りで、砂岩の立石をくり抜いたものである。まぐさ石にはクメール美術の逸品と言えるほど精巧な浮彫りが彫られている。祠堂側面の壁龕には、漆喰塗りで塑像されたドヴァラパーラ（門の守護神）やデヴァターが安置されていた。この漆喰工法による装飾は、プリヤ・コー寺院でも採用されている。

バコン寺院こそは、本当の意味で須弥山を模した最初の国家鎮護寺院とされ、アンコール地方における史上三番目の寺院でもある。最初の寺院は西バライの南堤に一部埋もれたままのアク・ユム寺院、第二番目はプノン・クレーン高丘のロンチェン寺院である。バコン寺院は大型で迫力あふれる山岳型寺院であり、その後、五〇〇年間にわたる本格的な山岳型寺院建造の出発点となっている。インドラヴァルマン一世はなかなかの博識に加え、審美眼を持った王でもあったことが判明する。

第四章
最初の大都城ヤショダラプラ

三〇歳の新王が即位

八八六年頃、老境に入ったインドラヴァルマン一世の治政が終わろうとしていた。王の息子たちの間では次の王位をめぐって激しい武力闘争が起きていたという。最終的に軍配が上がったのはヤショヴァルダナだった。

ヤショヴァルダナは実力で王位を獲得したが、その時の東隣国チャンパーとの海戦の戦況が碑文に伝わっている。トンレサープ湖上で起きた戦闘で、「勝利を目指して船隊を進める王（ヤショヴァルダナ）は、広い湖上において四方八方から押し寄せる無数の敵船を撃沈した」。こうした戦闘というのは、おそらく情け容赦のない殺戮《さつりく》戦であった。そして、陸上の主戦場はハリハラーラヤ都城近辺で、プリヤ・コー寺院の背後あたりの木造の王宮が在った湖岸の広い場所であった。血で血を洗う凄惨な戦いの結果、王宮は破壊された。戦闘の最中に、バコン寺院に逃げ込んだ敵兵小部隊を殲滅《せんめつ》する激戦があった。その戦闘でバコン寺院の中央祠堂が破壊されたようである。

碑文に載っている勝利者の名は、インドラヴァルマン一世の息子のヤショヴァルダナと王妃で、その母親はインドラドゥヴィーであった。しかしながら、碑文からの考察では、この新王は、父王が後継者として指名した王子とは別人であったと思われる。しかし、ヤショヴァルダナは母親の血縁からも王族として王位継承権を主張する権利を得ていた。

ヤショヴァルダナがヤショヴァルマン一世（八八九～九一〇年頃）として即位したのは西暦八八九年であった。新王は当時少なくとも三〇歳になっていたと思われ、おそらく待ちきれぬ思いで父王からの譲位を期待していたものと推測できる。ヤショヴァルマン一世は筋骨たくましく、いくつもの碑文が「並外れた筋骨隆々の力持ちであった」と伝え、「一刀のもと、銅製の大きく硬い金棒を三つに切断した」などと記している。ほかの碑文からは、王は部下たちの格闘技競技会を開き、同じ力量をもつ部下同士に模範試合をさせ、楽しんでいたらしいことが伝わっている。

王はシヴァ神の僧坊（アーシュラマ）を各地に建設

ヤショヴァルマン一世は、即位した八八九年に、一〇〇か所あまりにカンボジア版ヒンドゥー教シヴァ神のアーシュラマ（僧坊）を建設するように命じた。アーシュラマはサンスクリット語で「修行者の庵」という意味である。それは父王から継承した王国の唯一人の王であることを知らしめるための政治的な広報と善行であった。現在までにアーシュラマの設置を記した碑文が二〇数個ほど見つかっているが、そこではヤショヴァルマン一世の家譜が縷々《るる》述べられ、卓越した血筋であると自賛している。その時の王朝年代記作者は、王が王として相応《ふさわ》しいあらゆる知的な能力をもっており、身体的な強さとその実行力が備わっていた、と詳述している。

これらのアーシュラマの名称はどれも「ヤショダラーシュラマ」（ヤショヴァルマン王とアーシュラマを合字）と命名され、王は勅令のかたちでアーシュラマの規則を定めている。例えば、これらアーシュラマの修行僧の衣服は白色に限られ、装飾品を身につけることは許されなかった。日傘さえも禁じられていた。さらに、この規則に違反した修行者に対し、その身分に応じて、定められた罰金を支払うよう示されていた。王族の息子なら二〇パーラ（単位不明）を支払い、高位者ほど罰金額が高かった。一般の出家者は四分の三パーラの罰金を払えばよかった。一般人の場合で、もし罰金の支払いができなければ、藤蔓《ふじつる》の鞭打ち刑一〇〇回が課せられた。修行者が日課をおろそかにしたり、アーシュラマにおける勤めを怠ったりすれば、やはり罰金刑に処せられた。

これらアーシュラマは木造の家宅であったらしく、現在は消滅してしまった。しかし、アーシュラマのことを記した貴重な碑文はそのまま現場に残っていた。これらの碑文は「石に刻まれた張り紙」と言ってよいほど同一内容である。碑文の両面にはそれぞれに五〇詩節から成るサンスクリット語詩文が刻まれていた。そのアーシュラマの所在地は、当時の王国の支配範囲を示す一つの証拠であり、重要な現場史料である。それらの碑文の発見場所は、カンボジアの南部から、北はラオスのワット・プー寺院近くまで及び、さらに現在のタイのパノン・ルン地方でも見つかっている。

また、注目すべきことは、サンスクリット語詩文の内容が文章として練り上げられており、往時のカンボジアにおいてはインド文化の受容が、かなり高水準に達していたということが分かる。サンスクリット語碑文はおそらく在住のインド人バラモンが指導して作文したものであろうと思われるが、しかしながら、そうしたインド人バラモンとの交流や居住実態について、当時の情報はまったくない。

プノン・バケン丘上に建設された壮大な新都城

碑文ではヤショヴァルマン一世について誇張した讃辞の碑文には「王は地上の最高の王君なり、おそらく、その名声はカルダモン山脈に住む住民、ソクシュマク族、アムララカ族、大海を隔て中国まで及び、さらにチャンパー（現在のベトナムにあったチャム人の国）と境界を接すところまで届いていた」とある。

スドック・カック・トム碑文（K.253　一〇五二年）（前述）は次のように述べている。「そのとき、王はヤショダラプラの都城を建設し、『神なる王（デヴァラージャ）』をハリハラーラヤ都城から新都城（ヤショダラプラ）に招集しようとした。王はそのために（プノン・バケンの山頂に）国家鎮護の寺院を建てた。デヴァラージャ祭儀世襲家系の祭儀官ヴァーマシヴァは、その神聖なリンガを（国家鎮護の寺院の）中央（祠堂）に安置した」という。

ヤショヴァルマン一世は即位後、新しい都城の建設を考えていた。その理由はおそらく王位継承をめぐる内戦で、インドラヴァルマン一世の王宮とその寺院バコンまでが破壊されてしまい、ハリハラーラヤ都城およびその近辺では王が目指す新都城の建設の場所は困難だったからである。また、ハリハラーラヤ都城の近辺には前の時代に建てられたいくつもの寺院・祠堂・貯水池などが配置され、すでに住民が住んでいたので、若い王が考える新都城計画を実現するための広い適地がなかった。この王は前からハリハラーラヤ都城の前例にならって、自前の新都城・新寺院・新王宮の三点セットの建設を考えていたようである。そのための新天地を約一三キロ離れたアンコールの地に求めたのであった。

いずれにせよヤショヴァルマン一世の新都城計画は、過去の王たちがやり遂げたことのない大規模な構想であった。父王がハリハラーラヤ都城において成し遂げた三点セットの大事業よりも、さらに大仕掛けの大都城を考えていたようである。王はこの新都城の整備計画を進める一方で、新都城と旧都城を往来するため盛土版築した道路（旧都の土木工事で開発した版築技術手法。今でも現地では「土手道」と呼称）でつなぎ、土手道路に沿って新しい町を造成したのであった。この道が、ハリハラーラヤからアンコールに移転する時の引越道路でもあった。

巨大な貯水池東バライの建設

ヤショヴァルマン一世にとって、プノン・バケン丘の頂上の国家鎮護寺院の建立と、その丘下北側の土地に王宮を建設した。それと同時に、王はインドラタターカの前例にならって、集約的な農業をさらに推進するため巨大バライ（貯水池）を造成しようと考えていた。

アンコール地域にいくつも存続してきた大小のバライ（貯水池）については、これまで何故バライが必要なのか国内外において議論がなされ、調査も行なわれていた。ヤショヴァルマン一世の治下で造成された東バライは、正式名称は「ヤショダラタターカ」つまり「ヤショヴァルマン王の貯水池」で、広さ七×二・五キロ、水深約一メートルあり、一七五〇万立方メートルの水を蓄えることができた。現在はその貯水は涸れて、水がないが、一〇メートル近い高さの大きな盛土堤防がそのまま残っている。どうもこの東バライの貯水源は雨水だけだったらしい。南西角の一番低いところに水門装置が設置してあり、この水門から自然の傾斜にそって、水路が通じていて、その下方位にいくつもの大水田があり、配水されていたのであった。

アンコール地方の地質はどうなっているかというと、概略ではあるが、地下二メートルのあたりのところに水を溜める粘土層がある。しかし、例えばアンコール・ワットの環濠の事例では、これまでの経験からいえば、雨水だけに頼っていると、乾季の盛り時に干上がってしまう。近くの河川から補水し、水位を維持しているのである。

バライは耕地より高い位置に設定し、河川から導水する場合は、どの地域を灌漑するかによって、標高を見定めてから水を引き込む。常に導水路の流れが耕地よりも高いところに設定されている。必要に応じて水門装置の栓を開けば、下方の水田は潤う。バライの土手は盛土なので、自然に染み出した水が副水路の側溝で受け止められ、排水するのである。

宇宙観が反映されたヤショダラプラ都城

ヤショヴァルマン一世は、前王のインドラタターカ（インドラヴァルマン王の貯水池）の中の人工の小島に、ロレイ寺院の名で知られるアーシュラマ（僧坊）を創建した。このロレイ寺院はインドラタターカ内の九〇〇×八〇〇メートルの石積みテラスの上に四基の祠堂が建てられた。八九三年七月八日に両親と母方の祖父母の祖霊に捧げた祖寺である。

ロレイ寺院のレンガ造基壇にはめ込まれた門衛ドヴァラパーラ。

ヤショヴァルマン一世の都城は、プノン・バケン丘上に約一八年かかって造営された。自然の残丘の高さは約六〇メートルあり、その頂上へ全建材を運び上げたのである。数万個に及ぶ砂岩とラテライト（紅土）のブロックは馴象《じゅんぞう》に曳かせた修《しゅ》羅《ら》（そり状の運搬具）を使い、北廻りと南廻りの二本の道から丘上に運び上げられた。斜面にその道路跡が残っている。さらに基壇に詰めこむ大量の土砂などを運び上げたのである。人海戦術による大変な難工事であった。全国から動員された建寺作業員一万人（推定）以上が現場で働いていたという。

この都城は、アンコールで初めての本格的な都城であり、自然の残丘上にそびえ立つ国家鎮護の大寺院であった。この第一次ヤショダラプラ都城を囲む環濠の築堤は、南側と西側に約八キロにわたって整備され、現存している。都城は一辺四キロの正方形であり、東が正門である。都城内にはプノン・バケン寺院を中心に城下町がつくられ、高官や役職者が住む木造の大邸宅が建ち並んでいた。そして、ヤショヴァルマン一世の王宮がプノン・バケン寺院の残丘北側にあったと考えられる。

第一次ヤショダラプラ都城の都市計画は、プノン・バケン丘の外周に、一辺六五〇メートル、幅四三六メートルの長方形の環濠が掘削され、東塔門下跡には見事な二頭の大シンハ立像が立っていた（現在はアンコール保存局に収納された）。そして、東斜面の大階段にはもとはラテライト造りの階段があって、そこを上っていくと、プノン・バケン小丘の頂上に到達する。頂上にはさらに寺院へ続く美しい真っ直ぐな参道が出来ている。プノン・バケン寺院は正方形の五段の基壇を積み上げた山岳型寺院である。地面に接する第一壇目の基壇は一辺七六メートル、最上段は一辺四七メートルである。このプノン・バケン寺院は、クメール建築としては初めての総砂岩造りの寺院であった。

カンボジア版「須弥山」を具現

プノン・バケンはもともと自然の残丘である。「神なる王（デヴァラージャ）」のリンガを祀る大舞台としてこの丘を選ぶのには、それ相当の理由があった。それはカンボジア版須弥山を模した神秘的な神の山であることを具体的に示していた。つまりインドの宇宙観の須弥山思想を地上に具現したカンボジア版寺院である。プノン・バケン寺院の全容を見ることで、クメール建築の象徴体系と当時の人たちが考えた宇宙世界の縮図をここに確認できる。

最上階に砂岩造りの五つの祠堂を五点形に配置したのは、アンコール建築の中でプノン・バケン寺院が最初であった。この中央祠堂は一段と高い基壇の上に在り、開口部が四方に開いている。中央祠堂の大女神（デヴァター）浮彫り立像は、美術的に評価の高い浮彫り彫刻である。プノン・バケン寺院の主神はヤショダレシュヴァラ（ヤショヴァルマン一世とシヴァ神が合体した新しいリンガ）であった。この主神が寺院に祀られたのは、おそらく九〇七年頃であろう。建設からすでに約一八年の歳月が過ぎていた。

初期都城の造営と支配領域

次に都城の建設であるが、造営できる建物の規模と実数は、現場の作業員の人数がどれだけ集まるかにかかっていた。例えば、ロリュオス遺跡群の代表的な国家鎮護寺院バコンは、土砂を五層の基壇に詰めこみ積み上げ、その土砂が崩れないように外側にラテライト石で土止め作業を施していた。そしてさらにその外側に砂岩を化粧石として積み上げた。この基檀の積み上げ工事はこれまで経験したことのない大工事であった。その建築に使われた石の建材は概算で、過去の寺院の約一〇倍にあたると推定されている。土砂は環濠を掘り込む時に出た残土であり、ラテライト石は近くの地中から掘り出し、天日干しした石材である。しかし砂岩は、約三〇キロ離れた露天掘りの石切り場から、近くを流れるロリュオス川の雨季の増水時に、竹製筏《いかだ》で砂岩石材ブロックを水中に沈め、その浮力を利用し運び込まれた。

石積み作業は伝統工法を使い、砂岩石と砂岩石の間に少しの水と砂と塩を入れて摺りこみ、石材ブロックにより壁を積み上げていった。接着剤なしの独特の土着の建築工法であった。八八一年に完成したロレイ寺院とインドラタターカのバライには雨水のほかに、プノン・クレーン高丘に源を発し、年中涸れることのないロリュオス川の水が引き込まれていた。ハリハラーラヤ都城に建立された三寺院は、このバライの下方に位置していたので、斜面に沿って段状に配置されていたと思われる。それぞれの寺院を取り巻く環濠は、お互いに連絡していて、灌漑およびその予備水として使われていた。こうして熱帯のモンスーンがもたらす雨季の雨水とロリュオス川のその水は、試算では五〇〇〇ヘクタールの田地を潤していたという。

ヤショヴァルマン一世が各地に残した碑文から、往時の王の支配領域が判明する。とくに北ではラオスのメコン川河畔から、タイ湾岸のチャンタブリー地方と現在のベトナム南部のハ・ティエン地方まで広がっていた。碑文によればその境界はミャンマーの近くまで、そして海（タイ湾岸）、チャンパーと中国までであるという。この中国とは南詔《なんしょう》国（六四九?～九〇二年、雲南省方面にあった王国）のことであろう。それから碑文では王は「兵員を乗せた白帆を張る何千という川舟に対して」勝利したことを述べているが、これはチャンパー海軍の侵攻があったからであろう。

ヤショヴァルマン一世の跡を継いだ息子のハルシャヴァルマン一世（九一〇頃〜九二二年）は一〇年ほど統治したが、おそらく政治的実権はほとんどなかった。この王はアンコール地域では小さなバクセイ・チャムクロン祠堂を建立しただけである。九二二年頃、ハルシャヴァルマン一世が急逝し、その弟イーシャーナヴァルマン二世（九二二〜九二八年）が王位を継承した。その支配領域は全土に及んでいなかった。その王が亡くなったのは九二八年もしくはその少し前である。この時代の建築として残っているのは、アンコール地方ではレンガ造りのプラサート・クラヴァン寺院である。もう一つは「黒い貴婦人」として有名なプラサート・クマウ寺院であるが、その寺院は現在カンボジア南部のタ・ケウ市の近くに在る。

新都城基盤整備に動員された人的資源

次に、ヤショヴァルマン一世の時代に造成された東バライの堤防の事例を検討したい。その堤防の断面は台形で、基底部でおよそ長さ一二〇メートル、頂上部は一五から二〇メートル、高さ一〇メートルある。現在もそのまま残っている。この基礎数字をもとに考察してみると、概算で堤防一メートルあたり七〇〇立方メートルの土砂を使っている。おそらく寺院造営時に環濠を掘削した土砂を寺院の基礎工事などに利用していたのであろうが、試算では一二〇〇万立方メートル以上の土砂を運んだことになる。

　美術史家ジョルジュ・グロリエ（ベルナール・フィリップ・グロリエの父親で父子二代にわたるアンコール研究者）は、寺院建設に必要な人的資源の試案を提示している。場所はタイとの国境に近いバンテアイ・チュマー寺院（一三世紀）の建立事例において、造営にかかった時間と建寺作業員数を試算した。一つの実験データに基づいて、三〇メートルの距離を一日に一人の人夫が運ぶことのできる土砂の量は、約二立方メートルであると割り出している。この数字から推定すると、大雑把に見積もって東バライの盛土だけで六〇〇万日の大工事になる。作業員が六〇〇〇人で、進行中の大工事がほかにもあると考えると、妥当な数字としては完成するのは一〇〇〇日後、つまり約三年後になる。それも作業員たちが全員三六五日休みなく働き、悪天候を計算に入れない試算であるという。

　従って、八八九年に着工された東バライは、三年後の八九二年にはまだ完成していなかったのではないか。おそらくそれより後の時代であろう。全体の動員数にしても、作業員のほかに、現場監督・職長・班長などのスタッフを加えねばならない。これらの作業員に籾米を支給できる人口となると、最低でもその五倍、おそらく六倍、あるいはそれ以上と考えたほうがよい。また、アンコール地方だけで、これだけの作業員を確保することができたとは考えられない。全国からの強制的な賦役の動員体制が実施されていたのかもしれない。近隣の村人は、雨季には自分の田地を耕し、乾季は村人全員が功徳を積むために建寺作業現場にやって来ていたという。

　すべてが手作業の時代において人的資源がどれくらい現場に確保できるかが、建築作業日程の決め手となっていた。また、碑文も言及しているが、その建寺作業員たちの中には、推察ではあるが、近隣からごはんが食べられるというニュースを聞き及んでやってきた人たちの集団もいたと思われる。チャム人、モン人、シャム人、山岳少数民族なども含まれ、籾米の支給を現場で受けていた。またシャム人（タイ人）はアンコール王朝軍の傭兵として数万人いた。彼らに対しても支給があった。彼らは建設現場に近いところに掘立小屋を自前で造り、家族を呼び寄せていた。寺院が完成するまでの五年から一〇年に及ぶ在住者がたくさん生活していたと思われる。また、王宮で働く人たちにも支給されていたと思われる。

ヤショヴァルマン一世治下の工事現場は東バライだけではなかった。大工事に限っても、前述のように一六キロの周壁をもつ第一次ヤショダラプラ都城、その頂上中央部にある国家鎮護寺院プノン・バケンは、九〇七年頃完成し、デヴァラージャ神のご本尊が安置された。ジョルジュ・グロリエの試算によれば使われた石材とレンガの量分は約八〇〇〇立方メートルに及び、アンコール時代の寺院建設の中でも画期的な大寺院であったという。ヤショヴァルマン一世はさらに西バライも造営にも手をつけた。西バライの堤防の片側だけでも、試算すると五〇〇万立方メートルの土砂が必要だった。これらすべての造営と建設を考え合わせると、王の建設事業は空前の動員体制によって実施されていたことが判明する。

サンスクリットの碑文中にKJTRの呼称が読み取れる（バンテアイ・クデイ寺院入り口の柱）。

宇宙の主《あるじ》、それは王なり

さかのぼれば、「神なる王（デヴァラージャ）」信仰は古クメール語で、「カムラテン・ジャガット・タ・ラージャ（Kamrateṅ Jagat Ta Rāja　KJTRと略す）」といい、「宇宙の主、それは王なり」という意味である。梵語碑文では「デヴァラージャ（Devarāja）」と記している。この王のリンガは、バラモンを介してシヴァ神から王に預けられた王国の守護神であると同時に、このリンガの中には「微細で目に見えぬ霊魂」が宿り、王は合体してシヴァの分身となったのであると述べている。インドから持ち込まれたシヴァ信仰は、土着の諸信仰を掘り起こし、シヴァリンガ等の礼拝形式を借りて、リンガはその土地に根をおろしたのであった、そこでは王または地域

の村の長が祭主・祭司になって祭式や供犠を深めていた。

「神なる王」宗務家系の交替

インドから到来した諸文物は、長い時間をかけてカンボジア土着の宗教諸要素と混成・重層していたのであった。カンボジアでは祭儀・信仰と王権を結びつけ、王国の規模に拡大した信仰の対象が「神なる王」であった。世俗的権力の頂点に立った王は、バラモンおよび宗教者を保護・優遇して、彼らを王権支配の体制の利益に奉仕させ、王の支配基盤の神聖な部分を形成させてきた。同じく宗教的権威のバラモンは、権力者たちの信仰的求心力を助け、その権力と富に寄生することにより、自らの地位と身分を保持してきた。アンコールでは教権と俗権がバランスをとりながら世俗の王様が維持されてきた。一〇世紀前半のジャヤヴァルマン四世（九二八〜九四一頃）の王位簒奪を契機に展開する歴史の中に据え、新旧の政治・宗教の両勢力がどのような政治的宗教的確執を生んだかを、碑文史料を中心に考察してみたい。

一〇世紀に入り二〇年代までアンコール都城は、ヤショヴァルマン一世の後を継いだハルシャヴァルマン一世（九一〇頃〜九二二年）およびその跡を継いだイーシャーナヴァルマン二世（九二二〜九二八年）がそのまま統治を続けてきた。アンコール旧都を否定するジャヤヴァルマン四世は九二一年にクー・デターを起こし、アンコールより北の一三〇キロのところに在るチョック・ガルギーヤール（コー・ケー）に立て籠もってしまったのであった。「ジャヤヴァルマン四世はチョク・ガルギーヤールへ（行って）、統治するためにヤショダラプラの都城から出て行き、同時にデヴァラージャ（のご本尊）を随伴した」（K.235）。

ジャヤヴァルマン四世は、「トリブンヴァネレスヴァライ」という名前のデヴァラージャのご本尊であるリンガをチョク・ガルギーヤールに持ち出し、安置したのである。

コー・ケーで王位に就いたジャヤヴァルマン四世は、新しくイシャナムルティを宗務専従者に登用した。彼は、シヴァカイヴァールヤーの子孫で、かつてはデヴァラージャの宗務を担当したが、排除され、地方へ移住した世襲家系の傍系に当たる。この時点で、この新政治勢力と新宗教権威は九二一年から自分たちの正当な立場を主張することになる。玉座についた新しい王、そしてデヴァラージャの新宗務者は、旧来の正統派勢力との間に眼に見えない深刻な相剋を繰りひろげてきたと思われる。このクーデターに際して見られる「俗」と「聖」の動態、一つの政治勢力と宗教的権威の間の相互連帯と依存関係というのは、古代カンボジア史を解明する一つの重要な鍵である。コー・ケーへの遷都は、新しい政治・宗教の両権力が、旧都および旧宗務者の居所では実現できない新系譜を新しく立ち上げ、結果として旧権力者側を否定してしまった。

アンコール都城とコー・ケー都城の二政権の並立

ジャヤヴァルマン四世と、王統王位に在位するハルシャヴァルマン一世の間に戦闘もしくは衝突行為があった。ハルシャヴァルマン一世はアンコール都城で統治を続けたようである。従って、九二一年から九二八年にわたり、アンコールとコー・ケーの二政権が並立していたのであった。ジャヤヴァルマン四世は、コー・ケーにおいてアンコールに匹敵する都城、寺院群、貯水池などを着々と建設し、当然近隣地域において稲田を中心とする地方経済基盤ができていたのであった。四世王は、ジャヤヤデーヴィーというヤショーヴァルマン一世の妹（姉）が王妃となることにより、王位簒奪の意味を中和し、その正統な王位継承権を主張できたのであった。

先に述べたように、ジャヤヴァルマン四世のもとで新しくKJTRの宗務を担当したのはイシャナムルティ一族であった。しかしアンコール旧都にあっては、ハルシャヴァルマン一世およびイーシャーナヴァルマン二世の治下では、KJTRの宗務専従者はクマーラスヴァーミであった。彼はイーシャーナヴァルマン二世の死亡または完全な失脚まで仕えていたと思われる。

宗務両家系の二人の祭儀官

クーデターの結果、カンボジア国内の政治勢力はコー・ケーとアンコールに二分立し、これに従って宗教権威側も分派・断絶・復権という一連の動きを展開してきた。数年もしくはそれより長くデヴァラージャの祭儀官は、クマーラスヴァーミとイシャナムルティの二人が両地域に分かれて、王命によりそれぞれ宗務に就いていたのである。もともと二人は親族であった。前者はジャヤヴァルマン二世から土地を授与してもらい、そこにクティ（Kuti）という名前の村を創建し、一族の居住場所としていた。そのクティの村はアンコールの東側に位置し、デヴァラージャの宗務を執行する正統な専従者家系が代々居住していた。クティの現在地はバンテアイ・クデイ寺院に隣接した場所であり、スラ・スラン池に面していた。

傍系のイシャナムルティは、ジャヤヴァルマン四世治世下において、新しく宗務家系を組み立て、居住する新しい村を新王から拝受した。これ以後は、イシャナムルティの一族がデヴァラージャの祭儀を執り行ない、継承し、名実ともに唯一の宗務専従者家系に成長し、ここにクマーラスヴァーミ系統の一族は、結果として除外されてしまうことになる。王位簒奪は、王権に密着していたデヴァラージャの宗務家系にも交替をもたらしたのであった。

イシャナムルティ祭儀家系のルーツ

かつて、ストゥク・ランシイという地方は、ダンレック山脈に近く、デヴァラージャの特権を外された一族が土地を拝受し住んでいた。彼らは本家のクティの地から分家した一族であった。彼らのことは碑文上にも言及されている。イシャナムルティは、その地方のストゥク・ランシイに移住した分家の出身であり、ヤショヴァルマン一世の治下(八八九~九一〇頃)で、もともとそこに移住した二人の姪の系族にあたる。クティから分家したこの系族は、「本家から職務を分与してもらえなかった」と碑文の中で述べ、デヴァラージャの特権から除籍されてしまった人たちであったことがわかる。

イシャナムルティ宗務官は、ストゥク・ランシイの尊属を呼び寄せ、コー・ケーのデヴァラージャの宗務を担当した。ストゥク・ランシイの人たちはイシャナムルティによって、デヴァラージャ宗務の正統な家系に復帰し、世襲であるデヴァラージャの特権を回復したのである。

碑文は、こうした世襲宗務家系の特権取得を正当化するために作成した文書ではあるが、その内容を精査することにより、後に触れるような諸矛盾が露見する。

古代カンボジアにおいては、政治権力と宗教的権威の宗務家系がたがいに依存共助関係を持ちながら王の権力の保持につとめてきた。政治権力が王権の世俗的側面を維持し、宗務家系が王権の神授的・権威的な背景を形成してきた。宗務家系は、諸王に対してカンボジア的宇宙観および宗教的威厳の実力を吹き込み、崇高な大伽藍を実現させてきた。

第五章
アンコールへの再遷都を行なった王

ジャヤヴァルマン四世と地方都城コー・ケー

第四章で見たように、アンコール王朝では、九二一年頃に、後にジャヤヴァルマン四世を名乗る王の腹心の高官がクーデターを起こし、アンコール都城からデヴァラージャ神のご本尊を持ち出し、北東約一三〇キロ離れたコー・ケー地方において王の宣言をした。

この高官こそ、もともとの王位を継承したハルシャヴァルマン一世とその弟イーシャーナヴァルマン二世の伯父にあたり、前王ヤショヴァルマン一世の妹（姉）ジャヤドゥヴィーを正室として迎えていた肉親家族の一員であった。この高官は王を自称したが、当時の慣例からすぐには認知されず、当分の間はコー・ケー地方の長官格の取扱いであった。実際には九二一年ころから現地コー・ケーに立て籠もり、王としての位格を顕示するために新都城造営に着手していた。この新王となる人物は確かに国内一の実力者でもあった。

そして、九四二年に逝去するまでの二〇年ほどの極めて短期間に、新都城の約三五平方キロの広さの大城内に、数多くの寺院を次から次へと建設し、実績を積み上げていた。そしてアンコール都城を見習ってバライ（貯水池）も建設した。このバライは、二期作の田地耕作をねらったものであった。名称を「ラハール」といい、一二〇〇×五六〇メートルの大きさであった。しかしながら、アンコール地方の当時の東バライと比べれば慎ましいバライであった。

新コンセプトの新都城コー・ケー

こうした新都城造営の大工事は、短期間には困難であった。特にこの地方は岩盤が露出した高原地帯であり、固い地盤のやせた土地であった。アンコール地方の扇状地とはちがっていた。この自然地勢から、新バライ「ラハール」の建設時には底面の岩盤を削る作業も実施されていた。ジャヤヴァルマン四世が、コー・ケーを新都城として、王の宣言を勝手に行なったのは九二一年、その後、公式にその王位が認められたのは九二八年であった。それまでアンコール都城に残って、この両政権の行方をみていた高位高官や地方長官など多くの実務者たちが、新しい王に仕えるため、いろいろな生活用具を二頭立の牛車に積み込みコー・ケー都城に大移動してきた。

新都城では三点セットの工事が進んではいたが、大仕掛け好みのジャヤヴァルマン四世は、アンコール都城と同じように、絢爛豪華《けんらんごうか》な都城が建設できる王として、その実力振りを見せる必要があった。都城の中心部（未完成）には一二〇〇×一二〇〇メートルの巨大な城壁の一部がすで

赤の祠堂プラサート・クラハム（コー・ケー都城）。

に建設されていた。新都城コー・ケーは、中心部に、プランと呼ばれるピラミッド型国家鎮護寺院（基壇六二×六二メートル）を建立し、七層の基壇を積み上げ、最上階には木造の祠堂があった。その近くの人工の大貯水池ラハールでは工事が難渋していたらしい。その他、三〇か所にわたり小さな石積み新祠堂と新寺院の建設が進行中であった。その王の時代は九二一～九四一年までの二〇年間である。ジャヤヴァルマン四世がアンコール都城から脱出し、新開地コー・ケーにおいて簒奪した王位の正統性を主張するために必要な三点セットを建造していたのであった。王はもとこの地方出身の大富豪といわれ、大都城、大寺院、大リンガ、大王宮など、巨大な建築を見せつけることで、アンコールからの移住者たちを安心させ、アンコール都城に存続している旧政権を否定し続けた。

巨大好みの建築

建築用の石材については、砂岩の岩盤が至るところに露出しており、露天掘りの石切場が近くにあるので、運搬はアンコールよりずっと容易であった。とはいえ、すべて建寺作業員たちの人力が頼りであった。重要な祠堂はレンガ造りである。その代表とも言える「赤の祠堂」プラサート・クラハムは、都城東正面入口の大塔門として品格ある造りとなっている。そこには五面八臂の巨大な「踊るシヴァ神」の石造彫像が祀られていた。この彫像は残念ながら壊れて胴体の部位しか残っていない。その残っている他の部位から見ても、きらびやかで質の高い彫刻であったことが十分うかがえる。

コー・ケー遺跡の建築の特徴についていえば、「巨大好み」である。コー・ケー都城そのものが印象としては、カンボジア国風の巨大なシヴァ寺院そのものである。そこでは規格外のリンガと、シヴァ神の神妃たちが大きな場所を占め、大胆で強く描かれている。コー・ケー美術は独創的な「美の世界」を構築し、代表的彫像作品を創り出すなど、混沌としている時代であると同時に「大いなる変革の時代」を示している。また、宗教伝統主義と巨大な建造物志向とは、共にこの時代の変化に対する敏感な造形感覚を伴いながら展開している。なかでも独自のオリジナリティーは、彫刻の像容の迫真性、活気あふれる巧妙さ、控え目に表現された神の像容の単純化などである。有名な作品「二人の闘士像（格闘する神とアシュラ）」の丸彫り彫刻（国立プノンペン博物館蔵）は、襞《ひだ》のある衣服の方がおそらくデーヴァ（神）で、もう一人はアシュラ（阿修羅）ではないか。材質は砂岩であり、高さは〇・八メートルである。造像年代は一〇世紀第二の四半世紀と判明し、その発見場所はプラサット・トムであった。このコー・ケー地方は固い地盤なので寺院の基礎工事などは順調に進み、最初の計画通り九四一年頃都城の囲壁建設に着手していた。しかし、アンコール都城建設の技術ノウハウは部分的にしか通用しなかった。

ここで、アンコール地方の寺院建設と比較してみたい。

アンコール時代の寺院建築の基礎工事は、砂地業（川砂を水締めしながら突き固める地盤改良工事）がなされた上に、ラテライト（ラテライトは鉄・アルミニウムに富んだ紅土であり、切り出して乾燥させると硬化し、石積みに適した石材となる）のブロックが数段積み重ねられるだけである。そのため基礎工事は簡略なものに見え、「アンコール建築には基礎がない」と言う人もいる。しかし、こうした十分な砂地業によってしっかりと突き固められた基礎は締まりがよく、非常に強靱《きょうじん》で地耐力も高い。ただしこの川砂は結合性が弱く、一度基礎石が緩むと地盤の動きと共に流動しがちなので、その上に建つ建物を不同沈下（地盤が不均一に沈下して建物などが傾くこと）させる原因となる。従って、基礎の強度はよく突き固めるといった「仕上げ」に依存するのである。この事実は現地調査によって明らかである。例えばバコン（八八一

7段の基壇をもつプラサット・トム。「二人の闘士像」が発見された場所。

年）、タ・ケウ（一〇〇〇年頃）、アンコール・ワット（一二世紀前半）などの大寺院には基礎地盤に狂いがほとんど見られない。この基礎の上に建てられる石造建築物も、砂岩だけでできているように見えて、実はラテライトがしっかりと建物を支えているのである。ラテライトも砂岩も非常に重量のある石材である。砂岩では最大四トン近い巨石も用いられる。とりわけアンコール・ワットの十字型テラスの頂部には、大きさが直径二メートル近くある方形の巨大な砂岩が蓋石のように載せられている。

アンコール都城への再遷都

コー・ケー都城では、九四一年ころ、ジャヤヴァルマン四世の王子、ハルシャヴァルマン二世が即位した。ところが、そのわずか二年後の九四四年にはラージェンドラヴァルマン王（九四四〜九六八年）がコー・ケー都城を攻撃し、交戦の結果敗北した。結果として、アンコール都城に再遷都となるのであった。

アンコールに戻ったこの新王はハルシャヴァルマン二世の実の従兄弟であった。母親のマヘンドラドゥヴィーは、ヤショヴァルマン一世とジャヤドゥヴィーの姉妹にあたるという。王の碑文では「年齢から言っても、美徳の数から言っても」新王となる王は、前王を「凌《しの》いだ」と讃辞を送り、王家の血縁にあたるので例外的な扱いをしている。そこにはその権力奪取を正当化しようとする意図が読み取れる。

ラージェンドラヴァルマン王は、かつての偉大なヤショヴァルマン一世に心酔していた。そしてアンコールに新都城を建てようと考えていたのであった。

「王は長い間空いていたヤショダラプラの都城を回復し、地上のマヘンドラ宮殿のように輝く黄金の祠堂をもつ宮殿を建築することによって、この都城を壮麗で魅力あるものとした」と故事を引用した（K.235）。黄金の祠堂とは、おそらく王が建造したピミアナカス寺院の建築当初の状態であっただろう。そして、王はヤショダラプラ都城を再整備し、王都復活のための工事を実施した。

ラージェンドラヴァルマン王の最初の事業は、バクセイ・チャムクロン寺院の修復であった。碑文には「（王は）その祠堂にカンボジア特製のスタッコ装飾（漆喰）で華麗さを添えた。この祠堂の主神シヴァは、九四八年二月二三日に祀られた」とある。

地方行政制度創設と各地へ派兵

ラージェンドラヴァルマン王には支援者が少なく、最後まで国内の大小の反乱に自ら立ち向かわねばならなかった。したがって、地方の長官や土侯たちに対して忠誠と政権への参画を求めていた。

当時の実情からいえば、地方の諸侯たちは中央政権の傘下から離脱し、独立的傾向を強めていた。王はこれら地方政権を再び支配下に引き入れねばならなかった。しかし、王は国内をもとのような完全な支配下に統合するのには時間がかかると判断し、地方の土侯などを組み入れる一つの方便として地方行政単位の「ヴィジャヤ」（州）制を創設した。しかしながら、王と対等の地位をもつと主張する地方の土侯たちは、この新設の州制度を認めようとはしなかった。なぜならば彼らは機会があれば王位を狙っていたからであった。

王はこうした行政改革を実施する一方で、隣国チャンパーを攻略し、碑文（K.235）は「チャンパー王の都城は、王命に従う戦士たちによって灰燼《かいじん》にされた」という。それは王の実力を国内の土侯に見せつけるデモンストレイションでもあった。ラージェンドラヴァルマン王治下の碑文では「王の輝きはチャンパーをはじめとする敵国を焼いた」と述べられている。これはたぶん九四五年から九四六年にかけてのチャンパー遠征を示唆するものであった。そのときにクメール軍はチャンパーのニャチャン（現在のベトナム南部の都市）にあったポー・ナガール寺院の黄金像を略奪している。ラージェンドラヴァルマン王の遠征の足跡は、現在の東北タイにおいても、いくつも確認されている。王はそうして地方の独立的傾向を抑えながら、実効支配領域を少しずつ広げていったのであった。

東バライの南岸の新都城

ラージェンドラヴァルマン王の治世下では、有能な高官たちが輩出した。例えばラージャ・クラマハーマントリン（王家の主席顧問官）である。彼は摂政または首相の役割を果たしたようである。また、高官カヴィンドラーリマタヤは、新しい都城、王宮、国家鎮護寺院を建設した実務高官であった。この高官は同時に「軍の長」であり、そしてまた建築家でもあった。この高官は大建造物を造営したことを碑文に堂々と記載しており、すべて王に帰する慣習の中で記録としては珍しい。

ラージェンドラヴァルマン王は、新都城建設の用地として伯父ヤショヴァルマン一世が造った東バライ（ヤショダラタターカ）の南側に広がる土地を選んだ。そしてこの巨大な東バライ貯水池を再活用した水稲耕作地の拡大と、プレ・ループ寺院の再整備が実施されたようである。そのラージェンドラヴァルマン王の都城には、環濠が施されていなかったらしい。東バライに近接していたので敷地がなかったこともあるが、「深い海」を象徴する濠を、東バライをもって読み替えていたかもしれない。

王は九五二年に、東バライの中央にある人工の小島に東メボン寺院を建立した。その寺院には五点形の祠堂内にヴィシュヌ神とブラフマー神の二像が安置され、中央祠堂には王のリンガが金箔を塗り据え付けられた。その主神は「ラージェンドレシュヴァラ（ラージェンドラ〔ヴァルマン〕＋シヴァ神）」と名づけられた。碑文によると九五三年に奉納されたという。

この王の治下では現存するのは国家鎮護寺院プレ・ループ寺院だけであった。それ以外には何も残っていない。

東西 700m 南北 350m の貯水池スラ・スラン。近くから甕棺墓が発掘され共同墓地であったと考えられている。

スラ・スラン貯水池と国家鎮護寺院プレ・ループ

高官カヴィンドラーリマタヤは、輪廻転生の流れの中で自分自身の功徳「己の業（カルマ＝羯磨）」のために小寺院バッ・チュムを建てた。この寺院は九五三年に落慶法要が執り行なわれた。さらにその周辺には集落が形成され、小さな門前町をつくっていた。その北側には「スラ・スラン貯水池」があり、碑文（K.253）には、「……当バライには生きとし生ける者みなのご利益のために池水が導かれているのである。なかんずく調教した象の群れを入れぬこと、なぜなら堤防を壊してしまうであろうから」と注意書きがある。

　高官カヴィンドラーリマタヤは、スラ・スラン貯水池の近くにもう一つ祠堂と村を建立していた。クティー・シュヴァラである。すでにヤショヴァルマン一世時代にこのスラ・スラン貯水池の西側一帯にヒンドゥー教の僧坊がいくつかあったという。そしてジャヤヴァルマン七世の治下に、この同じ敷地と思われるところに現在のバンテアイ・クデイ寺院が建築されることになるのであった。

スラ・スラン貯水池から東へ約七〇〇メートルのところに、プレ・ループ寺院が建立され、そこには当時の都大路があった。プレ・ループ寺院はラージェンドラヴァルマン王統治下の最盛期に造営された山岳型寺院である。プレ・ループは「身体の向きを変える・ひっくり返す」という語意であり、土地の伝説に由来するという。

この寺院は東メボン寺院の真南にそびえ建っていた。ここはかつてヤショヴァルマン一世が設置したシヴァ派のアーシュラマ（僧坊）の敷地でもあったと思われる。そのアーシュラマの石碑を納めていた碑文小屋が残っていた。寺院には、九六一年もしくは九六二年初頭にすでにヒンドゥー教カンボジア版の神々が安置されていた。それは東メボン寺院の落成から約八年後のことである。

プレ・ループ寺院に残るデヴァター。漆喰で仕上げられている。

「アンコール美術の至宝」といわれるバンテアイ・スレイ寺院の基壇上の3祠堂。

珠玉の寺院バンテアイ・スレイ

この王の治世は平和の時代であった。たくさんの専門分野の実務高官、補佐官や専門分野担当の高官を召しかかえた。その一人に、忠実な助言者であり王師（ヴラッ・グル）の称号をもつヤジュニャヴラーハがいた。彼は次の王ジャヤヴァルマン五世（九六八〜一〇〇〇年）の王師ともなり、前王ハルシャヴァルマン一世の実の孫であったという。王はこの王師に、アンコールから北東へ約三〇キロのところに在るプノン・クレーン高丘の麓にあるシェムリアップ川が流れる土地を下付した。この王師はそこに集落をつくり、優秀な彫工や石工を全国から集め、実弟と共にかの有名なバンテアイ・スレイ寺院を建立したのであった。

バンテアイ・スレイ寺院は、公式にはラー

ジェンドラヴァルマン二世治下で着工され、約三〇余年かかって、その息子ジャヤヴァルマン五世下で完成した。実際に建立した王師ヤジュニャヴラーハの菩提寺でもある。バンテアイ・スレイ寺院は長年地中に埋もれていたためその保存状態の良さに加えて、完璧に近い装飾の豪華さで私たちを惹きつける。この寺院こそアンコール時代の諸寺院の中でもっとも華麗で美しい寺院であり、アンコール遺跡の「宝石箱」とか「至宝」という言葉はこの寺院に一番ふさわしいものである。バンテアイ・スレイ寺院の彫刻は金銀細工にも似た精緻な装飾など、これこそクメール美術の比類なき成果と言えよう。

アンドレ・マルローもその美しさに魅せられたデヴァター。東洋の「モナ・リザ」と呼ばれる。

　この菩提寺の全体の設計を検証していくと、まず寺院が小さな場所に建立されていることにびっくりする。第一周壁東塔門の端から西塔門の端までは二〇〇メートル、中央祠堂前室の入口の高さは一・〇八メートルしかない。中央祠堂の両側面には壁龕に収まった門衛神ドヴァラパーラの姿があり、南

経蔵の破風浮彫り。

北の祠堂には女神デヴァターの立像がある。

石材はマンガン質の強い「紅色砂岩」であった。建築的配置の良さでも屈指の寺院であり、その均衡的配置もまた装飾に劣らず完璧なものである。そして、この寺院の復元工事は、現在文化遺産の保存修復の一つのモデルとなっている。

砲弾形の三祠堂は五層から成り、塔身の上部へ行くほど飾りの神像は小さくなり、人間の眼の錯覚を利用した遠近法を使用している。たくさんある繊細で優美な彫刻の中で「花枝を手にもったデヴァター小立像」は実寸一メートルほどの小身立像であるが、インド式の美術手法の三屈法をカンボジア的表現に変え、その端麗な容姿は「東洋のモナ・リザ」と呼称される。前室は二つのモチーフを交互に基盤目のように組み合わせたタピスリー状の壁装飾で覆われている。これも見事な建築装飾手法である。

これらの祠堂全部が、くり形のついたT字型のテラス上にある。テラスは上にあるさまざまな建物に調和するように砲弾形の突出部をもっている。

南北に並ぶ二経蔵は、西側に本物の入口、東側に偽扉があり、第三周壁の北東と南東の角に位置し、中央塔の前方の部屋を両側から挟んでいる。砂岩造りであるが、いくらかラテライトが充塡《じゅうてん》されている。それぞれの塔門にはとりわけ見事な三角形の破風があって、上部には優雅な渦巻きモチーフ飾りとなっている。西側出口には寺院の方を向いた小さな雄牛ナンディンが置かれていた。西塔門はレンガ造りで、小円柱、まぐさ石（窓や出入口の上部に渡した水平材）と入口門ぐらいしか残っていない。

第一周壁はラテライト造りで、九四×一〇九メートルある。内側にはゆったりとしたもともとの貯水堀があり、これが大海を象徴し、そこに寺院が浮かぶように見せる仕掛けであった。

境界柱引抜き事件と裁判

このラージェンドラヴァルマン王の治下において、裁判を通じて社会正義が保たれていたことが判明している。碑文史料を駆使して、立論している。土地をめぐる争いはどの時代も多く発生していたが、ここではこの時代土地の境界をめぐって法廷に訴えた裁判記録があり、これを検討してみたい。カンボジア的正義とは何かを問い、そして検証することができる。

この裁判記録を収載したネアック・タ・チャレーク碑文（K.181　九六二年）では、畑地の境界柱を抜き取り、収穫を横領した事件に関して、王が命令をもって法廷開設の決定を伝えている。

これは、ここ旧都コー・ケー地方で起きた地方役人の不正行為事件であった。

高位の地方官吏であるヴィーラプラ郡の長は、王命により決められていた隣との田畑との境界柱を抜き取り、隣の収穫物を横取りしたという理由で、所有者V・チュウーに告訴されていた。王がこの訴えを聞いて取り上げ、手順に従って裁判が進められた。

その田畑は、最初に楽器奏者の楽手が地主であったが、その楽手がそれを下級役人二人に売却し、その二人がこの田畑の境界画定登記を届け出ていた。当時、土地登記所的役場が機能していたのである。そして、二人の役人は、V・チュウーとその一族にこの土地を売却した。その時の条件は、この二人の役人が関係する寺院へ収穫の一部を奉納することだったようだ。

法廷は告訴人V・チュウーの主張を認め、役人が敗訴であった。不法行為の命令を下した郡の長は有罪で罰金刑となったが、軽い処分であった。しかし、郡の長の実弟は実際に境界柱抜き取りを行なった首謀者であり、米の横奪を指揮したかどで、また、その手下のV・アムルタは虚偽の申し立てをした理由で、笞刑《ちけい》一〇二回であった。問題の土地へ関係者を案内した手下のV・ピットも、有罪の判決であった。郡の長のもとには、V・アムルタやV・ピットのような手下がおり、長の弟も兄の権限を笠に着て不法行為に及んだことが判明した。

アンコール時代は宗教的色彩の強い統治を行なってはいたが、行政と関係しつつ司法権が行使されていた。平等で公平な法的裁断が行なわれ、社会生活の平和と秩序が維持されていたのであった。紀元前後からの数百年にわたりインドの法体系がカンボジアに伝えられ、カンボジア版として練り上げられ、カンボジアの法体系が機能していた。

碑文に見る司法制度

絶対的王権の下で、アンコール時代の司法制度はどうなっていたのだろうか。裁判所にはどんな法律の専門家たちがいたか、碑文を精査しながら考察してみたい。

法廷には首都法廷と地方法廷（寺院法廷）があった。「法廷の長」は、王から委嘱された職権を行使するが、専従者ではなく兼務していた。その事例から考察すると王族出身者・高官・宗務官などが法廷の長を務め、裁判が行なわれていた。「陪席判事」は、裁判で判事役職を担当するが、やはり兼務者であった。彼は訴訟の審理や判決を司るが、法廷の長に比べて社会的地位が低く、どうも実際には補佐的役割の判事であった。

ほかに名称がそのものずばりであるが、「長所短所の検査官」（グナドーシャダルシャン）がいた。訴訟解決の手掛かりを探る第一級の調査官といえる。やはり高官の兼務であった。「法廷記録者」は、文字どおり書記官を兼ねている兼務の官吏であった。「法廷査察官」は、事件の裏づけのために現場に出かけ調査活動をする小官吏で、これも兼務であった。「ダルマシャーストラ（インド古典法）吟誦者」は、いつも法廷の場に出席し、裁判内容と関係のないシャーストラの箇所を読み上げていた。神秘的王権から加護を受けていることを実証するための陪席であった。

「司法調査官」（予審判事と兼務）は、現地調査と、訴訟者や犯罪者からの聴き取りを行ない、秘密裏に動く調査官であった。「司法事務の長」は、法廷の長からの命令と指揮を受け、裁判の開催を準備する調整官であり、「不動産調査官」は、土地所有を確認する調査官で、強い権限があった。土地の境界をめぐる訴訟は多くあり、特に洪水後は所有地の確定に関する紛争が多かった。助手または補佐官は法廷の長の命令により裁判を補助していた。これら専門家によって裁判所は構成されていた。

訴訟手続きと裁判

告訴の開始から判決に至るまでの訴訟手続きは、告訴→反論→事前調査→審理→判決となるが、さらにこの手順を考察していく。

中国元朝使節同行の周達観による『真臘風土記』では「民間の争訟、小事と雖《いえど》も亦《また》、必ず国王に上聞す」と報じている。王に提訴するには、王の側近または高官を介して「請願書」を出さねばならなかった。それを受けて、王は、司法関係に熟知した者の助けを借りながら事件を審理するか、または法廷へ委任して検討させるかのどちらかであった。告訴を受けると、まずは事件の事実関係が調査されたようだ。

この手順としては、まず「予審」を担当する小官吏が当事者双方を喚問し、事情聴取を行なったうえで調書を作成した。それぞれの証人から証言をとっていたようである。続いて王にわかっている範囲で聴聞し、法廷は、さらに詳しい審理を進めていく。時間をかけやがて判決となるのであった。しかし、判決前にいろいろな事前工作が行なわれていたようである。特に地方法廷では、司法のわかる人手が少なく入念な調査をしなかった場合もあった。

九七九年の碑文（K.257）には利子付物品の貸付事件が書かれている。有力者ムラターン・クロンの冠称号をもつナラパティ・ヴィーヴァルマンは、拳闘家の組合の人たちに利子付きで種々の生活用品を貸与していた。支払いをしない関係者たちを法廷に直接出頭させ、その場で貸与品の精算をさせ、貸し借りに決着をつけようとした。強権的裁判であった。

告訴者は告訴の正当な理由を証明しなければならない。被告人となった人物は、第一にその告訴内容が至当なものか、あるいは筋違いで事実無根なものかどうか、はっきり表明しなければならない。法廷の長は、証人の証言、証拠書類で調査した。罪と罰に対する慣習法および法源として、これまでの判例などを参照し、判決を下すのであった。こうした正規の裁判とは別に、「調停制度」もあったようである（K.720）。

当時の法廷の関係者は、現地調査および証人の喚問を中心に審理を進めていた。その意味では、手堅い手続きであった。アンコール・ワットの第一回廊南面の薄肉浮彫りには、偽証人が地獄に落ちて、刑に服している場面がある。特に証人を重要視し、数多くの証人の名前を挙げている。王もしくは多くの富裕者からの土地寄進時における境界柱設定の証人（K.205）、さらに土地の画定と売却に際して、四〇名の証人が名前を載せている（K.207）。当時の法廷では証人が、審理の決め手となるような証言をし、重要な役割を果たしていた。

土地をめぐる争いが多いのは現代社会においても同じである。カンボジアにおいて最も信頼のできる役所は登記所であり、往時各地では、こうした土地の境界および土地所有の問題をめぐって係争が頻発していた。タムポル地方に在る稲田七か所の係争事件においては、当事者を喚問するだけでなく、村の四人の長老を呼び出し証人として問いただしていた。調査を行ない、その結果、九八三年に解決したとわざわざ碑文に記されている（K.262）。

裁判の証拠物件

当時において裁判を有利に進めるためには、何よりも客観的な証拠物件が必要であった。その一例として、証人が被告人を弁護して補足陳述を行なった中で、証拠書類を挙げたことから、告訴人と被告人の立場が逆転し、告訴人が有罪になってしまった判決もあった。

また土地の境界を記載した「登記簿」が当時貝葉上に記され存在していたので、何度も確認したという（K.207）。別の碑文では貝葉業者がいたことを述べている（K.270）。王は一部の高官に給与保有地（地方）を与えていたが、その王命が法廷の証拠文書（銅製薄板）として用いられていたことがあったことも判明している。

当時の重要な法律行為は、貝葉、張り合わせた皮革文書、石版に刻む碑文、銅製の金属薄板文書などを用いて公式に記録され、保存されていたと思われる。特に王の命令・土地の売買・寄進・受領・境界関係の記録などが、現存する碑文中に列挙されている。しかしながら、貝葉はタニアヤシ（オウギヤシ）の葉で製作されているため長持ちせず、虫害や乾燥のため消滅してしまった。当時カンボジアには中国から紙が入っていなかった。

神明裁判（神判）については、碑文史料ではほとんど言及されていないが、古くから存在していたことが漢文史料で確認されている。一二九六年にアンコールを訪れた周達観は、その見聞録『真臘風土記』の中で、神明裁判を採り上げている。周達観の指摘によると、犯人かどうか判別の方法がほかにない場合、被疑者の二人のうちどちらかが真犯人であるかを判定する場合に、神判が行なわれるという。漢文史料に掲載された神判を摘記するならば、探湯（沸油）神判、鉄火神判、水神判、猛獣神判、嚼米神判、病魔神判、神水神判などがあったという。

当時のカンボジアには杭刑、挾圧刑や禁固拘留刑まで種々の体刑があり、これら体刑などを行なう刑吏がいたようである。つまり各種の刑罰を執行する特別任務の吏員が職務に就いていた。王宮における職種を挙げた中に、特に刑罰の「執行人」のことが載っている。

カンボジア的法解釈に基づく刑罰

アンコール時代の法秩序体系は、その法源がインドであるとはいえ、カンボジア的価値観に基づいた法的咀嚼が行なわれた。法源と規矩規範をインドに求めていると掲げながら、実際の刑罰においては、カンボジア土着的解釈と置き換えにより執り行なっていたのである。

その特色として第一に、インドから「死刑」という概念と用語を受け入れながら、実際には極刑として「斬・絞」などの死刑は存在しなかったようである。しかし、土着的色彩の強い杭殺刑や挾圧刑があり、刑の執行の結果として死に至る場合があった。碑文史料と漢文史料の比較・検討から、斬首・絞罪・串刺し刑等の刑罰はなかったと思われる。

第二に、当時の罰金刑は、社会階層別に高官から庶民までに分けて、罰金刑の適用が実施されていたようである。高位厳罰という原則が当時の社会正義の実現の一つの理念として提示されている。罰金が金銀で支払えない場合には、村人たちには罰金刑に代えて背面一〇〇回打刑などが行なわれた。実際の罰金は、当時の商品貨幣・財貨等現物納で代済されていたようである。一〇世紀半ばの碑文には、「罰金としてつがいの牛を差し出す」と述べられていて、通常は家畜などの物納があった。こうした社会階層と職位別の量刑は、アンコール時代の法秩序体系の特色の一つとなっており、その後も継承されていたらしく、近世のカンボジア慣習法の中にその痕跡が見られる。

第三に、『真臘風土記』によれば、泥棒を捕らえた場合は監禁して私刑を加えてもよいと述べているが、これも当時の村の慣習法として広く認められていたのである。紀元前後に成立した古代インドの『マヌ法典』には、一八種の訴訟条項が掲げられ、姦通罪がこの一八種条項に入っている。カンボジアにも伝わっており、姦婦の夫がこれを知れば間男を足圧刑にかけ、財貨を払えば放免されたという。これも私刑の範囲で処理されていたようであり、カンボジア的法慣習が機能していたといえる。

これら一般の法慣習は、とりもなおさず村人の生活の中にそれなりに一つの法規範を創り出していた。そこには法に触れずに真面目に生きていた大多数の人々の顔が浮かび上がってくる。また、カンボジアの慣習法では、密林の樹木を除去し畑地とした場合、その土地は除去した本人に帰属するという。また農家のうち、砂糖ヤシ専業農家には税金がないという。ヤシの樹液採取者は手を滑らせて落下し、死去することが多かったため無税としたのである。

脱税行為もあった。篤信者の一人が寺院に牛二頭を寄進し、功徳として称えられたが、その人物は雨季の耕作時にその牛二頭を寺院から無断で連れ出し、畑を耕した後に戻していたという。

さらにカンボジアの刑罰体系には、応報刑というその時代精神が反映されていた。悪行には悪報という刑罰の概念は厳罰威嚇主義が前面に押し出されて、アンコール時代の法秩序の一つの特色ともいえるものである。

アンコール時代の罪と罰には、確かにヒンドゥー法の諸概念、訴訟条項、専門用語などがふんだんに使用されてはいるが、現場ではカンボジア的取捨選択が実施されていたようであり、実情に即して社会正義の措置が執り行なわれていたと考えられる。

首をつながれ鞭打たれる５人の罪人（アンコール・ワット南面回廊の浮彫り・上智大学調査団提供）。

未完成の寺院ジャイエンドラナギリー

ラージェンドラヴァルマン王が逝去し、息子のジャヤヴァルマン五世（九六八〜一〇〇〇年頃）が第一〇代王として即位した。王は青年王であった。新王は九六八年七月三日には、王師ヤジュニャヴラーハが建立を開始したバンテアイ・スレイ寺院に、王の寺院としての特典（無税）を与える勅令に署名している。しかし国内ではいつものごとく王位継承をめぐる争乱が起き、すぐに新王として認められたわけではなかった。碑文はそうした闘争の様子に言及し、「大地を入手せんとした大戦闘では、強靱《きょうじん》なる王の陣営が放つ滝のごとく放たれた弓矢によって、敵はたちまちにして潰れてしまった。（……）勇んでやってきた敵の中の敵どもは恐れおののき、狂ったうぬぼれもどこへやら、ひとり残らず逃亡した」と述べている。こうした王位継承戦争のために、父王の旧王宮は消失してしまった。それで王は新たな都城と王宮を東バライから遠くないところに建設した。その新都城はジャイエンドラナギリー（タ・ケウ寺院）と名づけられた。

九七五年頃、タ・ケウ寺院の工事が始まった。碑文ではこの寺院のことを「ヘマシュリーナガギリー（黄金のいただきの山）」と呼んでいた。東バライの西堤の中央部には砂岩で出来た船着場があり、現在もその跡が残っている。当時、この区域で大掛かりな土地造成工事があったことが判明しているが、王の逝去によりタ・ケウ寺院は、石材を積み上げたままで終わっており、未完成である。その石材の一部が、のちのジャヤヴァルマン七世治世下で、アンコール・トム都城の大周壁に再利用石として使用されたらしい。タ・ケウ寺院は、建設途中ではあるがその外観は堂々として力強く、その威容が感じられる寺院である。

タ・ケウ寺院の宇宙観とは

タ・ケウ寺院は、クメール山岳型寺院の典型で、宇宙観を具現する大道具がすべて揃っている。貯水濠が大海を象徴し、その上に神々の大寺院の威容が浮かび上がるように建てられている。基壇は上に行くほど次第に幅が狭くなる五点形配置の祠堂形式で、見上げると高さが実感できるように演出されている。また、三つの大基壇が祠堂を支え、いかにも荘厳な神の山を演出している。

砂岩で覆われたタ・ケウ寺院。3つの大基壇に立脚した5点形配置の祠堂。

このやり方は、高さと大きさを視覚的に実感でき、遠近法の効果を出している。こうした配置や構成を含めて、タ・ケウではクメール建築固有の設計法則の一つの帰結と見るべきであろう。最上基壇の上には、五つの祠堂がそそり立つ。とりわけ山岳型寺院に見られる典型的な寺院である。さらに付け加えるならば、この寺院では粗彫りで手を加えぬ未完成のままの組石が、かえって石材の素朴な力強さを見せている。

また、タ・ケウ寺院において初めて回廊が寺院装飾の一部として新設された。この擬似回廊は二段目の基壇の上にあり、幅が狭く、人が通ることは不可能である。中央階段は高さ三六センチの方形の石段を積み重ね、傾斜率が四四度から五七度までと差がある。

タ・ケウ寺院の建設は途中で中止されたため、石積の建設の工程がその現場で検証することができる。いわば当時の石造建築情報の宝庫である。この中央祠堂で初めて四方の空間を意識した二重の前室付き玄関というかたちが新しく採り入れられた。

第六章

最初の建寺王——忠誠を誓った査察官たち

王位継承をめぐる三人の王の争い

一〇〇〇年頃、ジャヤヴァルマン五世（九六八〜一〇〇〇年頃）が亡くなると、アンコール朝内はまたしても王位継承をめぐる政治混乱に陥る。碑文の考察を通じて、その混乱ぶりを見ていきたい。

ジャヤヴァルマン五世の死後、最初に碑文に現れる王名は一〇〇一年に即位した一一代目のウダヤーディティテーヤヴァルマン一世（一〇〇一〜一〇〇二年）である。この王に関する碑文はカンボジア東北部のコー・ケーと南部のムル・プレイにおいて発見されている。王はジャヤヴァルマン五世の甥で、母親はジャヤヴァルマン五世の王妃の中の一人の姉妹であったという。

しかし、この血縁関係からでは王位継承権を主張できない。ウダヤーディティテーヤヴァルマン一世の母親は「(地方の) シュレスタプラ王家の家系に属した」が、この新王は前王たちと直接つながっていないという。ウダヤーディティテーヤヴァルマン一世の母方の伯父は、ジャヤヴァルマン五世の将軍であり、後ろ盾となってウダヤーディティテーヤヴァルマン一世をなんとか即位させた。おそらく強引に力ずくで王位に就いたのであろう。

しかしながら、ウダヤーディティテーヤヴァルマン一世がアンコール都城に入城したという証拠が何もないので、当時、正統な王として認知されていたかどうかはわからない。しかし、一〇〇二年二月一三日の日付でウダヤーディティテーヤヴァルマン一世の勅令が記された碑文がコー・ケー旧都城で見つかっている。ということは、ウダヤーディティテーヤヴァルマン一世は旧都城コー・ケーに腰を落ち着け、地方からアンコールへ攻め上り、王位を奪取しようとしたのであろうか。いずれにせよ、ウダヤーディティテーヤヴァルマン一世はその後まもなく亡くなってしまったらしい。その政治的状況がどうであったのか、関係碑文には何も言及がない。

ジャヤヴィーラヴァルマン王の都城防御壁

一〇〇二年、ウダヤディティティヤヴァルマン一世と敵対してきた二人の王が名乗りを上げる。その一人がジャヤヴィーラヴァルマン王（一〇〇二〜一〇一〇年頃）で、その次がスールヤヴァルマン一世（一〇〇二〜一〇五〇年）である。

一〇〇一年のスールヤヴァルマン一世の碑文がメコン川のクラチエに近い東部河岸のソムボル地方で見つかっており、さらにカンボジア中部のコンポン・トム付近から出た碑文にも言及されている。その翌年の一〇〇二年のスールヤヴァルマン一世の碑文が、同じ地方からさらに二つ出ている。

一〇〇三年から一〇〇六年にかけて、ジャヤヴィーラヴァルマン王の名前が現れる。この王の碑文によると、王が一〇〇二年以降アンコール都城において王位に就いていたという。

ジャヤヴィーラヴァルマン王は、アンコール都城のジャヤヴァルマン五世の旧王宮に居住して、王位継承者としてのアリバイを事実上見せつけていたらしい。ジャヤヴィーラヴァルマン王は間違いなく一二代王としてアンコール地域を統治していた。王はソマーの建国説話（ナーガラージャ［蛇王］の娘ソマーとの結婚により王家の始祖となった）の某王家に属していると主張していた。しかし、これらはウダヤーディテーヤヴァルマン一世の場合と同じく一方的な主張である。結局正統王位を力で奪取したが、当時のカンボジア社会の認知は未済であったことを示唆している。

この王の支配地域は、西はバッドンボーン地方、東はコンポン・トム地方が含まれ、これらの地方には王権を示す痕跡がいくつかあるが、その範囲を大きく越えることはなかったに違いない。ジャヤヴィーラヴァルマン王の勅令を記した石碑の中には、その後、王位を手にしたスールヤヴァルマン一世によって意図的に破壊されたものもあったと考えられる。

コンポン・トム州にあるジャヤヴィーラヴァルマン王のものと認められている碑文には、一〇〇六年五月二五日に公布された勅令が記されている。この王にとって最後の碑文であるが、状況証拠を含めて考察した結果、どうも一〇一〇年まで統治していたものと思われる。

ヤショヴァルマン一世（八八九〜九一〇年頃）の時代には、シェムリアップ川は今日知られている川筋とは違っていて、東バライ（貯水池）の北側を通り流れていた。現在の川筋は、当時の灌漑用水路の一部に過ぎなかったといわれている。ジャヤヴィーラヴァルマン王が北側に切り通しをつけてシェムリアップ川を通し、それで現在のような川筋になった。

ジャヤヴィーラヴァルマン王が、引き続き国家鎮護寺院として建設を続けたのはタ・ケウ寺院であった。この寺院は、かつての都城の中心軸から大きくずれており、まさに型破りの都城造営である。すでに存在していた種々の寺院の配置にかなり配慮した造営に違いないと思われる。しかしながら王は、王位をめぐる競争相手スールヤヴァルマン一世の軍事的脅威が段々と迫る中で防衛の城壁の構築の建設に専念していたのであった。結果として国家鎮護寺院の造営は二の次となったのであった。

アンコール地方には、ジャヤヴィーラヴァルマン王が造営したアンコール地方の一〇メートルほどの高さの侵入防御壁が今も残っている。王が初めての宿敵を意識して建設した城壁でもあった。その壁は、東は東バライの土手から、西はアンコール・トム都城に至るまでの範囲で現存している。この防御壁が実際に使われたかどうかわからないが、都城の防衛のために何らかの威力を発揮したかもしれない。しかしジャヤヴィーラヴァルマン王は、まもなくスールヤヴァルマン一世の攻撃に対して敗北し、結局のところ姿を消すことになった。

新王宮の建立と門前町の町並み

ジャヤヴィーラヴァルマン王は一〇年近くアンコール地域を統治していたにもかかわらず、正式な王家の系譜図から除外されている。勝者である一三代王スールヤヴァルマン一世は、ジャヤヴィーラヴァルマン王と同じ一〇〇二年に即位を宣言しており、当時の考え方からすると、正統王位に二人の王が並立することは、異常とも言える政治状況であった。

こうした政治の展開をアンコール都城内の建物考から進めてみたい。王宮の広場の向かい側には、王宮への道を挟んで北と南に一対の建造物が建立されている。祠堂ではない建物であるので、クメール人たちは「プラサート・クレアン」と呼んだ（その後、アンコール・トム都城内に含まれた）。これは「寺院の宝物庫」もしくは「王室財宝を収蔵した寺院」を意味する。北プラサート・クレアンのほうが年代的に古い建物である。

その北側には年代がわからないが、バンテアイ・スレイ建築様式の小さな祠堂がある。この祠堂と北プラサート・クレアンの並び方から推察すると、そこには門前町の町並みの一部があったと思われる。北プラサート・クレアンには、ジャヤヴィーラヴァルマン王の碑文がいくつもある。この王がアンコール都城を占拠していた当時の痕跡である。この建物は長さ四メートル、幅四・七メートルで、両端に開口部がある。いつの時代かわからないが、後年になって塔堂の形式に改造され、真ん中から二つに分離された。その東側には、中庭を囲むように回廊が設置されていた。この建物は砂岩の厚い壁（一・五メートル）でできていて、壁面装飾は念入りに施されている。

スールヤヴァルマン一世は、その時すでにあった北プラサート・クレアンの真向かいに新王宮を建設していたのであった。そして同時に、北プラサート・クレアンの対となる建物を新築した。

これが南プラサート・クレアンであり、未完成である。これら北と南の一対の建造物は王宮前広場の中で目立つ建物であり、異色の建物であった。その建築様式はその名前をとってクレアン様式と命名されている。この様式と同類の建物は、タ・ケウ寺院、王宮の塔門、それにピミアナカス寺院がある。

一〇年かけて内戦を勝ち抜いた王

碑文では、スールヤヴァルマン一世は、三代目の王インドラヴァルマン一世（八七七～八八九年）の母方の家系の出身であったという。王は、かつてのジャヤヴァルマン五世とその前任者たちが治めていた支配地域を徐々に支配下に組み入れ、治めていった。

そしてジャヤヴィーラヴァルマン王の支配地にも少しずつ侵入し、支配下に入れていった。スールヤヴァルマン一世の軍隊は本拠地の中部コンポン・スヴァイ地方から北上してアンコール地方を通り抜け、さらにダンレック高丘を越えて西へ向かった。現在のカンボジアとタイの国境を成すアランヤプラテート地方がジャヤヴィーラヴァルマン王の出身地と思われ、王位をめぐっていくつかの戦闘があったものの、ここにおいて雌雄を決する戦いがあったと伝えられている。その時代は一〇一〇年を少し過ぎたころであった。結局のところスールヤヴァルマン一世が勝利し、アンコール都城に戻り王位に就いたのであった。

碑文によると、スールヤヴァルマン一世は、即位を宣言した一〇〇二年から後約九年間にわたり各地への征討を続けていた。現在のバッドンボーン市近くには、一〇〇七年の同王の行幸録が記されている。この後、王はアンコール地方に戻り、アランヤプラテート地方から逃げ帰っていたジャヤヴィーラヴァルマン王を排除しようとするが、その残党たちのかなり根強い抵抗があり、困難を極めたと思われる。

それでスールヤヴァルマン一世は、一〇一一年九月九日に、前王に仕え、抵抗していた高官のタムル・バッチ（査察官）たち約五〇〇人に対して、忠誠の誓いを立てさせ、臣下としたのであった。その誓約文が王宮東塔門の壁に碑文として刻まれている。この査察官たちは、その五か月前まで前王に奉仕していた高官たちであった。こうした忠誠文を読み上げる伝統は、現在もプノンペンの王宮内で継承されており、新内閣の閣僚たちが王の前で誓いの言葉を述べるのである。以前、ノロドム・シハヌーク前国王にこの伝統の件を伺ったところ、その通りと認めながらも、しかし、みんなは王宮を出ると忘れてしまい、自己の利益の獲得に走るというコメントであった。

碑文にある忠誠文はこのように書かれている。

「我らは、我が命と感謝せる忠誠を、必ず、我らが王シュリー・スールヤヴァルマン王に捧げるものなり。我らは他の王を敬わず、我らが王に敵対せず、その敵に加担もせず……もし我らの中にこの誓いを遵守できぬ者あらば、この後この国を治める王はその者に体罰を科されんことを願う。もし我らの中にこの誓いを厳守せぬ裏切り者あらば、太陽と月がある限り、その者は地獄に落ち、そこで生きていくように。もし我らが厳粛にこの誓いを守るならば、我が篤信の教えを守るために、また我らが家族の生活の糧のために、王は全力を下賜くださいますように」（ジョルジュ・セデス訳）。

スールヤヴァルマン一世は前王に仕えた高官たちに対して誓約の儀式を執り行ない、その宣誓を誓約文として碑文に刻ませたのであった。これはそれまで前例がない画期的な忠誠を誓う儀式であり、王が前王の官僚たちを召し抱えるにあたって、彼らの忠義を確認しようとしたことは明らかである。これ以降、カンボジアでは新王に対する官僚の誓約が続けられるようになった。

スールヤヴァルマン一世即位の時の目立った建設としては、ピミアナカス寺院と、王宮の楼門の建設があった。しかし、王は即位の時期には、まだカンボジア南部地方を征討していなかった。

王名を冠した勝利の「リンガ（男根像）」

スールヤヴァルマン一世は一〇一八年、自国の版図の範囲を示すために「スールヤヴァルメシュヴァラ」という「リンガ石柱」四体を仏師に制作させ、その一体は西北部の現在のタイとの国境にある断崖寺院プリヤ・ヴィヘアに設置した。この寺院はダンレック山脈の突出部に建てられている名刹である。二体目は王の出身地であるコンポン・スヴァイの大プリヤ・カーン寺院に安置されたと思われるが、確認は未済である。三体目は南部のスールヤードリの丘に納められた。その場所は現在のプノン・チソール寺院のことであり、プノンペンの南六〇キロに位置する。また、当時征討中であったバッドンボーン近くの「勝利の平原」、つまり現在のワット・バセットに一体が安置された。

碑文では次のように述べている。「そのリンガはプノン・チソール寺院に置かれた。その古名はそれが建つ丘スールヤパルヴァタ（「太陽の山」または「スールヤ〔ヴァルマン〕王の山」）である。さらに、プリヤ・ヴィヘア寺院と（コンポン・スヴァイの）大プリヤ・カーン寺院の記念建物に安置され、バッドンボーンのワット・エクとバセット寺院に祭られた」。

スールヤヴァルマン一世は、現在のタイのチャオプラヤー川流域のロッブリー地方まで支配地を広げた。そこでは一〇二二年の日付で勅令を記した石碑が発見されている。しかしながら、この石碑は設置状況から判断すると、どうも別の場所から運ばれてきたものらしい。王はそれからマレー半島を征討したというが、これは証拠もなくかなり疑わしい。ロッブリー地方は新領土として編入されたが、実際にはジャヤヴァルマン五世が治めていた領域を大きく越えてはいなかった。

しかしながら一一世紀前半にアンコール朝がチャオプラヤー川流域、さらにメコン川流域に橋頭堡を築いた史実は、ロッブリー地方から出る一群の古クメール語碑文が証明している。それら碑文のうち少なくとも一つはスールヤヴァルマン一世に帰属する碑文である。

アンコール朝の宗主権は、メコン川流域では、現在のラオスのルアンパバーンまで、チャオプラヤー川沿いではスコータイやサワンカロークまで拡張したのであった。一〇二二年から一〇二五年にかけてのロッブリー碑文では、スールヤヴァルマン一世時代にラヴォ（ロッブリー）で仏教の両派に属する比丘《びく》たちとヨーガを実践するバラモンたち（タパスヴィー・ヨーギー）がどちらも修行していたと伝えている。それから年代の記載のない他の古クメール語碑文は、綴り字や書体から見てほぼ同時代に遡ることができると思われるが、これはヴィシュヌ派の碑文である。

新王宮とピミアナカス寺院の造営

アンコール都城に入って統治を始めたスールヤヴァルマン一世は、ジャヤヴァルマン五世時代の旧王宮（木造）および国家鎮護寺院タ・ケウを放置し、手をつけなかった。なぜなら、寺院のある付近が敵王ジャヤヴィーラヴァルマンとの最後の激戦地であったようであり、どちらも敵に帰属していた施設であったからにほかならない。スールヤヴァルマン一世の娘婿で大臣でもあるヨーギーシュヴァラパンディタは、初代王ジャヤヴァルマン二世の子孫であり、ジャヤヴィーラヴァルマン王にも仕えていた高官であったという。そうした両王に仕えていた史実も暗示している。

王はアンコール都城に着いてから新王宮を建立した。この王宮は初めて堅牢なラテライト造りの城壁が高く巡らされた。そして王宮は、前のラージェンドラヴァルマン王時代の寺院跡に、そして近くに新しく山岳型寺院ピミアナカスを建立した。この寺院は比較的小さく、国家鎮護寺院というよりも王宮内における日常の儀式を執り行なう菩提寺と言ったほうがよいかもしれない。ラテライト造りの五段の基壇の上部には、砂岩造りの祠堂が建てられていた。しかしその基壇の砂岩は再使用砂岩で、開口部には梵語・古クメール語の碑文が刻まれている。その碑文の内容はこの寺院建立の約一四〇年も前のヤショヴァルマン一世時代の大臣の活動記録の一部である。そこから推察すると、ヤショヴァルマン一世の大臣が、スールヤヴァルマン一世と何らかの血縁的つながりがあったと思われる。何故なら碑文がこの祠堂の開口部に偶然設置されたとは思えないからである。

アンコール・ワットの四・七倍のプリヤ・カーン寺院

スールヤヴァルマン一世の治世と活動は、王名初出の一〇〇二年から四八年間にも及んだ。その間に王は多くの寺院を建立している。カンボジア南部ではスールヤパルヴァタ寺院（現在のプノン・チソール寺院）を建立した。カンボジア北部では、現在のタイとの国境線に近いところにある壮麗なプリヤ・ヴィヘア寺院を一部改修し、追加工事を実施した。さらに、王の大きな仕事は、アンコール都城から一二〇キロ東に離れた地コンポン・スヴァイに大プリヤ・カーン寺院を整備し建立したことである。王はこの地方の出身ともいわれている。この大プリヤ・カーン寺院は、アンコール・ワットの四・七倍の広さをもつ大きな寺院で、入り組んだ大貯水池も造営されている。しかし、その後歴代の王が追加工事や改修を実施したので、この王の初期の建設工事がどこまでで、どの経蔵や祠堂を建設したのかは不明である。アンコールの近隣ではチャウ・サイ・ヴィボル寺院が新しく建立された。

また、建設事業の一つに西バライの建設がある。これまでの調査研究では、後世の複数の王にまたがって造営工事を継続したと言われていたが、大部分の工事はこのスールヤヴァルマン一世王に帰するようである。西バライは八×二キロの広さがあり、現在も当時のままの姿を見ること

大プリヤ・カーンの東門。アンコール・トムのように綱引きする神々が設置されている。

破風に設けられた踊る女神たち。

ができる。これまでこの巨大な貯水池は当時東バライが干上がっていたため急遽造成されたと言われてきたが、碑文を精査すると史実はそれとは違うようである。一〇世紀末ころの碑文は、ジャヤヴァルマン五世（九六八～一〇〇〇年頃）がタ・ケウ寺院を建立しつつあった時期に、王宮の東側に建設したテラスが東バライに面していたと述べている。この碑文の指摘は、東バライが一〇世紀末頃においてまだ機能していた史実を伝えているのである。さらにいくつかの碑文は、スールヤヴァルマン一世がこうした建寺のほかに、各地の道路、石橋、宿駅、貯水池を建設したと述べている。

ウダヤーディテーヤヴァルマン二世と忠臣サングラーマ将軍

一四代のウダヤーディテーヤヴァルマン二世（一〇五〇～一〇六六年）は、一〇五〇年二月、もしくは三月に即位した。この新王と前王スールヤヴァルマン一世との間には、血縁関係はまったくない。ウダヤーディテーヤヴァルマン二世は、スールヤヴァルマン一世の第一王妃ヴィーララクシュミーと親戚関係にあったらしい。この王妃は、ヤショヴァルマン一世の王妃の家系に属していたと碑文は述べている。

ウダヤーディテーヤヴァルマン二世の治世は、内戦と混乱の時代であった。統治が始まって間もない一〇五一年、王の信任篤い将軍サングラーマが、地方の小王アラヴィンダーラダの反乱のために出動し、鎮圧したらしい。

その後、一〇六五年には、かつてはこの王に仕えていたカムヴァウ将軍が反乱を起こした。サングラーマ将軍は再びこの反乱の鎮圧に特派された。その反乱場所はカンボジア北西部のアンコールにかなり近い地域であったという。カムヴァウ将軍は、碑文によると「己の権勢に目が眩み、王の追放をもくろみ」、王に敵対して反乱をおこしたのである。この碑文はサングラーマ将軍が逆臣カムヴァウと対決したときの様子を生き生きと描き出している。

「新月刀、剣、鎌、槍が飛び交い、右往左往していた。武器と武器がぶつかり合う火花で、天空は突然鮮やかに染まり輝いた。多くの敵兵たちは、蜂の巣となって死の眠りについたのであった。よどむ血にまみれた肉体の数は、山並みのごとく積み上げられていた。敵の首領（カムヴァウ将軍）が弓を手にもち進み来るのを認めるや、言葉巧みにサングラーマは重厚かつ堂々たる大声で呼びかけた。

『狂気の輩、背徳者、長くお前を探したぞ。狂気の沙汰とはいえ、恐れもなくインドラ神に挑む者はいかにあるのか？』『さあさあ止めい、止めい、そこの大勇者ども、おぬしの存在を見せてくれ。その存在を確かめたら、すぐさま御主たちを夜摩天（閻魔大王）の屋敷に送り込もうぞ』

大声がかかるや、誇り高きこの勇者は気高き口調で答えた。

『私を怖がらせようとするのは止めよ。おおそこの勇者よ、間もなく私の勇気のさまがわかろう』『鋭く強い私の射るこの矢こそ、瞬く間におぬしを夜摩天の屋敷に送ろうぞ。さあ、いざいざ、おぬしの空約束の通りに、この矢をかわしてみよ』

両人とも、互いを死の恐怖のどん底に陥れようと、おぞましい言葉を投げかけ合い、我先に戦いのため強く張った弓矢を鳴り響かせた。光り輝き、力一杯たわむ弓に、カムヴァウ将軍は弓矢をつがえ、（サングラーマ）将軍の顎を的として絞りこみ射貫いた。花びらの散るような鋭い矢が放たれたが、（サングラーマ）将軍は、にわか雨に打たれた山の王にも似て、ひるまずすぐさま次の弓矢羽根を備え、アグニ神の矢のうなりにも似た響きで射返した。三本の矢は敵の頭、首、胸を同時に貫き通した。鋭い矢に引き裂かれた敵は地に伏し、身の毛もよだつ悲痛な叫び声は、従者たちへの悲しい知らせであった」

（プリヤ・ンゴク碑文：C面、詩節三八～四九）

それからしばらくして、サングラーマ将軍はカンボジア東部における三度目の反乱の鎮圧に出陣した。彼らは王に挑戦してきた無名の反乱者たちであった。たちまちにして捕らえられ、捕虜として王の前に引き出された。

周達観の証言「華麗で豪華な大寺院バプーオン」

ウダヤーディティヤヴァルマン二世は、国内外の政治が安定しない時期でも、精力的に国家鎮護寺院の建設に専念した。その理由は王師や担当の祭儀官たちが、王に勧めたからにほかならない。碑文には「ジャンブドゥヴィパ（閻浮提《えんぶだい》＝大陸の意味）の中央の神々の住処、黄金山がそびえ立つのを見て、競うように王の都城の中心に黄金山を造らせた。黄金山の頂の燦然と輝く黄金

バプーオン寺院。東正面入り口から塔門まで200メートルの参道を持つ。

寺院に、王は黄金のシヴァ・リンガ一体を奉納した」（ジョルジュ・セデス訳）。

この大寺院はバプーオンのことで、王宮の南側にそそり立つ壮麗な山岳型寺院である。正確な建立年は確認されていないが、大体一〇六〇年頃と言われる。

中国人周達観は、一二九六年にこの寺院を訪れ、「銅塔一座（バプーオン）あり、これを臨めば鬱然として盛んである」と述べ、その華麗なさまはたとえようがないと述べている。この寺院は、王宮とバイヨン寺院の間の狭い空間を利用して建設されていた。

この寺院の参道入口は現在の王宮前広場の南端に位置している。入口の東塔門から入り、それに続く二〇〇メートルある美しい参道を歩くと本殿にたどり着く。その本殿の基礎土台は東西二〇〇メートル、南北一〇〇メートルで、その上に三層の基壇が積み上げられ、それを回廊が取り巻いている。

バプーオンの最上階基壇の中央祠堂は東向きとなっている。第二基壇の塔門の装飾にはインドの『ラーマーヤナ』などに取材した美しい魅力的な浮彫り鏡板が刻まれている。浮彫り鏡板は帯状に並べられていて、いくつかの神話エピソードがカンボジア風に描かれ、素朴でほのぼのとした浮彫り絵図に心が打たれる。これらの浮彫り絵図から言えることは、インド伝来の叙事詩が長くかかってカンボジアにおいて受容され、それがカンボジア流に翻案されて定着したことを示している。カンボジア版ヒンドゥー教の薄肉浮彫り絵図など、どれも小品ではあるがその美しさに感服させられる。

この寺院の修復と復元工事は一九四二年からフランス極東学院の手ではじまったが、第二次世界大戦中には中断されていた。一九五四年のディエンビエンフーの陥落後、フランス軍の残した大型機械が遺跡現場に持ち込まれた。フランス極東学院はこれらの機材を使い遺跡の修復を再開したのであった。しかし、一九六〇年代の修復工事中に、とりわけ上層基壇の擁壁《ようへき》内に雨水が溜まり、その土石流が壁を突き破り外へ流れ出した。修復工事はこれで振り出しに戻ったが、極東学院は再度挑戦を試みて、五層の基壇の外から見えない内側にコンクリート内壁を造り、その外壁に化粧石の旧砂岩石材を貼って、一九七〇年にその修復を竣工した。

西メボンの井戸から発見されたヴィシュヌ像(プノンペン国立博物館蔵)。

西メボン寺院の水位計

ウダヤーディティーヤヴァルマン二世(一〇五〇~一〇六六年頃)はスールヤヴァルマン一世時代に建設された西バライの中央部に、西メボン寺院を建設した。その西メボン寺院は一辺が一〇〇メートルほどの正方形の盛土小島の上に砂岩の組積みで仕上がっている。護岸の堤防の上には、周壁が巡らされていたという。かつて、ラージェンドラヴァルマン二世(九四四~九六八年)が、ヤショヴァルマン一世時代(八八九~九一〇頃)に建設された東バライの真ん中に東メボン寺院を建設した同様の前例がある。

西メボン寺院の中央には一辺一〇メートルの砂岩の組石基壇があり、その基壇には深さ二・七メートルもある井戸がある。その井戸の底から、土砂に埋もれた青銅製の見事なヴィシュヌ神の大横臥像《おうがぞう》が発見された。その青銅像の全長は四メートルを超していたに違いない。現在はプノンペン国立博物館に展示されている。注目すべき史実は、往時これほどまでに大きな青銅像を塑造できる土着の技法をもっていたことを示している。アンコール王朝は一四三一年頃に崩壊するが、その時、勝利品としてたくさんの青銅製品の神像やシンハ像がアユタヤの地へ持ち去られた。このヴィシュヌ像だけは泥中に埋もれていたため、見つけることができずアンコールに残されたのであった。前期アユタヤ朝は武力には長けていたが、こうした青銅彫像作成の技法をもっていなかった。

さらに、この井戸の底からは銅製導水管が発見された。それが池内の中に延びていて、水位計の役割を果たしていたのであった。これを発見したフランス人建築家デュマルセイは、井戸の石組みに注目し、最下層の八角形、中層の四角形、上層の円形は、それぞれが水位を示したという。つまり、八角形はバライの水が不十分という表示であり、四角形はバライの水がほぼ満水、円形はバライの水が溢れるほどと考察していたのであった。

ウダヤーディテーヤヴァルマン二世時代（一〇五〇～一〇六六年頃）には、王に仕える数多くの高官たちの中にヒンドゥー教を篤信する人たちもいた。その中でも超俗した一部のカンボジア人高官たちは、苦行僧のように人里離れたプノン・クレーン高丘のクバル・スピアンを修行の場としていた。彼らはその河床や河辺の岩盤にリンガやヴィシュヌ神の横臥像を自分自身で刻み込み、信仰の証としていた。ここは深山の静寂があり、大樹林が広がり、岩盤や大石があちこちに転がっていて、かつてのヒンドゥー教の苦行僧のように、修行のために川床や川辺の岩石上に神像を彫刻したのであった。

ウダヤーディティーヤヴァルマン二世が亡くなったのは一〇六六年もしくはその少し前である。この王には死後の諡号が与えられていない。後継者の即位日がはっきりしないのは、王位継承に空白期間があったからにほかならない。

ハルシャヴァルマン三世が直面した対外戦争と国家鎮護の寺院

一五代王ハルシャヴァルマン三世（一〇六六頃～一〇八〇年）は、一〇六六年もしくは一〇六七年から実兄ウダヤーディティーヤヴァルマン二世の跡を継ぎ、約一四年間統治した。しかしながら碑文には王の活動の詳細がはっきり述べられていない。おそらく、この時代に別の王家出身の王が存在し、実質的に取り仕切っていたと思われる。前王と同様に打ち続く内乱に直面していたらしい。ハルシャヴァルマン三世については、一〇六七年（治平四年）に、北宋の皇帝英宗がベトナムのリー（李）朝（一〇一〇～一二二五年）征討時に、クメール王に対して出兵を求めてきたことが中国史料に載っている。

隣国のチャンパー王ハリヴァルマン四世は、国内を一〇七四年から一〇八一年まで統治していた。国境に近い拠点に配備されていたクメール人部隊を打ち負かしたことを誇らしく語っているが、一方、クメール碑文にはその戦いと敗北の言及が全くない。チャンパーの碑文には「（カンボジアの）シャンブプラ（メコン川に臨む古都ソンブプラ。現在のクラチエ州ソンボール）を攻撃して、その祠堂を全部破壊し、クメール人部隊を攻撃した。王は以前もクメール人からシュリー・イーシャーナバドレーシュヴァラのいくつもの違った祠堂を奪い取った」という記述がある。

ハルシャヴァルマン三世はヤショダラプラ都城において、王師（ヴラッ・グル）で、祭儀官のディヴァーカラパンディターの手により、一〇六六年に即位式を執り行なった。しかしながら、この新王の都城はアンコールにあったのであろうか。王の統治は数字の上では一四年も続いたが、その活動記録を記す碑文は、アンコール地方においては、未完成の碑文下書きがたった一つしか発見されていない。この碑文はプレ・ループ寺院に刻まれていて、この時代は「極めて平穏な時代」であったと強調している。王に言及した碑文は、国内においても数個しか見つかっていない。

ハルシャヴァルマン三世は、新寺院を建立せずに、バプーオン寺院の改修工事を実施したらしい。そのバプーオン寺院の中央祠堂の基礎部分の十字型設計を正方形設計に改修し、旧基礎を新基礎で覆い隠してしまった。そして、王はそれほど大掛かりな改修工事をすることなくバプーオン寺院を改装して国家鎮護寺院として使用していた。

これまでに新王が新しい国家鎮護寺院を建立しなかった事例は、これが初めてではない。一二代目のジャヤヴィーラヴァルマン王（一〇〇二〜一〇一〇年頃）は、一〇代目のジャヤヴァルマン五世（九六八〜一〇〇〇年頃）のタ・ケウ寺院とその王宮を再利用していた。こうした史実から、かつて国家鎮護にふさわしい寺格をもった寺院であり、それほど破壊されておらず自由に使えるならば、必ずしも新国家鎮護寺院を建設せねばならないということはなかったのではないか。これまでの事例では、王の交代には必ず暴力的破壊が伴っていたので、実質的に新都城・新王宮・新寺院の三点セットの建立が必要であった。

ハルシャヴァルマン三世は一〇八〇年に亡くなった。その治世下の政治混乱から推察すると、非業の死を遂げたと思われる。

ジャヤヴァルマン六世はどこから来たか

ハルシャヴァルマン三世時代が終わり、新王が登場してくる。ジャヤヴァルマン六世（一〇八〇～一一〇七年）は一〇八〇年に一六代王として即位した。この新王はこれまでの諸王とまったく血のつながりがなかった。王の父はヒランヤヴァルマンといい、アンコール王朝下の地方において、「マヒーダラプラ」という王家を名乗る土侯国の小王の息子であったらしい。この王家の正確な居住地は現在も判明していないが、現在のタイ東北部のどこかにその都城があり、何代にもわたり居住していたという。このような突然の王家の交代には必ず戦闘行為が伴う。一一世紀後半から一二世紀初めにかけては、アンコールでは政治混乱が続いていた。

さらに付け加えれば、ジャヤヴァルマン六世がアンコール都城において統治していたかどうかも確かでない。おそらく前王のハルシャヴァルマン三世には、ヌリパティーンドラヴァルマンという後継王がいたと思われる。ヌリパティーンドラヴァルマン王は一一一三年頃までアンコールを統治していたようで、のちにスールヤヴァルマン二世（一一一三～一一五〇年頃）が王位を獲得したとき、碑文の中で「二人の王から」王権をもぎ取ったと主張している。そのうちの一人はヌリパティーンドラヴァルマンであり、もう一人はジャヤヴァルマン六世の跡を継いだダラニンドラヴァルマン一世（一一〇七〜一一一三年）であろうと思われる。

ジャヤヴァルマン六世は、前王の王宮をそのまま使用していた。その事実から、ハルシャヴァルマン三世からジャヤヴァルマン六世への王位継承時に戦闘があったとしても、戦場はアンコール地方以外の場所であったと思われる。

ジャヤヴァルマン六世は、死後いくつかの碑文に言及されているが、それによると重要な寺院の建立や改修工事を実施した王として知られている。いずれも現在のカンボジア北部の国境近くに位置するプリヤ・ヴィヘア寺院であり、それからラオスのワット・プー寺院、あるいはプノン・サンダック寺院などであったという。

アンコールから遠隔地に建立されたピマイ寺院

ジャヤヴァルマン六世が逝去する少し前、アンコールから約二五〇キロの遠隔地にピマイ寺院が建立された。この寺院は、宇宙観による配置がはっきりしていて、その豪華な塔堂や浮彫りは目を見張るばかりの芸術品であった。この寺院は現在のタイ東北部ピマイ市内の中心部に在る。もし、ジャヤヴァルマン六世の出自といわれるマヒーダラプラ王家の居住地が、この地方であるとするならば、この王家がこの重要な寺院の建設に関わったと思われる。ところが、この寺院は

ピマイ寺院の中央祠堂。

明らかに大衆仏教寺院として建立されたのである。しかし、ジャヤヴァルマン六世はヒンドゥー教寺院の建立に携わってきたので、王が仏教のために新寺院を建立したかどうかという点で疑問が出てくる。

そうした王の事跡と活動から再度ピマイ寺院を詳細に調査すると、必ずしも仏教寺院として建立されたとは断言できない。破風や寺院の方位など、いくつかの疑問が出てくる。例えば、まぐさ石の彫刻には仏教の影響が随所に見られるが、破風には見事な踊るシヴァ神像が彫り込まれている。この寺院は南向きであり、その中心的な南面破風にはシヴァ神像が彫り込まれている。この寺院が河岸に面して建設されており、すぐ側を川が流れ、地形状から南向きとなったという説が有力である。さらに、この寺院はジャヤヴァルマン六世一族の祖霊が祀られていたという説もある。ピマイ寺院は仏教であれ、ヒンドゥー教であれ、土地の精霊と結びつきながら、霊力を増幅させてきた。「将軍」（トライジョクヤヴィジャヤ）という名前といい、このサンスクリット語名にも地方色が色濃く出ている。

ピマイ寺院の建立に際しては、新しい土着の建築技法が採用されていることにも注目したい。中央祠堂の独特な砲弾形状は、アンコール・ワットの塔堂のモデルになったといわれている。

一一〇七年頃にジャヤヴァルマン六世が亡くなると、後継者に決まっていた王弟が早死にしてしまったため、王兄が王位を引き継ぎ、一七代王ダラニンドラヴァルマン一世として即位した。

ダラニンドラヴァルマン一世の短い治世

「ダラニンドラヴァルマン、王座を望まざりしに、ときに弟君であらせられる王が、浄土に召され、ひとえに惻隠《そくいん》の情より、さらには保護者をなくした多勢の願いに折れ、慎重に大地を治められし」（K.852）。

このダラニンドラヴァルマン一世は、どうしても国内を統一しようという決意はなかったようである。先にも述べたが、国内は二つの地方国に分断され、二人の王がいた。さらに多くの小王国が乱立し、共存していた。

ダラニンドラヴァルマン一世は新しい国家鎮護寺院を建てる時間もなく、前の治世の建築を引き続き建寺をつづけた。即位した五年後には「防備のない」都城において、「一日の戦いで」殲《せん》滅《めつ》させせられてしまった。

次の王のスールヤヴァルマン二世（一一一三～一一五〇年頃）はダラニンドラヴァルマン一世の甥の息子であった。先王の姉妹の孫で、母方が王の家系ということから、「正統な」血統である。それまでのカンボジアにおける王位継承の慣習では倫理的に順番を待つことが求められたが、若いスールヤヴァルマン二世は待つことを望まず、王位獲得に走ったと思われる。

ダラニンドラヴァルマン一世は、前王の王妃・王女と形式上婚姻し、王権を継承するという伝統を墨守して、ヴィジャイェーンドララクシュミー王女を妻としていた。この女性は、はじめに急逝した弟王子と結婚していた。この女性の系統の甥の息子が、「未だ若くして学修の終わりに、その家族の王位を欲した。そのとき、王位は二人の王の許に帰していた」と碑文が述べている。これこそスールヤヴァルマン二世のことである。

スールヤヴァルマン二世はヤショダラプラ都城を占拠し、一一一三年、王師ディヴァーカラパンディターによって即位式が執り行なわれた。この王師は前々王と前王の即位式にも立ち会い、即位式を執り行なった。宗務職の顔役であったスールヤヴァルマン二世は、なによりまずアンコール・ワットの建立者である。アンコール・ワットの第一回廊南面において王はまさにその光輝あふれる像容をもって描かれ、将軍や軍隊と共に第一回廊の薄肉浮彫りの中に登場してくるのである。

第七章
スールヤヴァルマン二世の大いなる野望

二王国を統一したスールヤヴァルマン二世

一八代目の王位を継承したスールヤヴァルマン二世（一一一三～一一五〇年頃）については、いくつもの碑文が王位をめぐる生々しい激戦の様子を伝えている。第六章で述べたように、そのとき国は二つに分断され、二人の王がいた。王は「二王国を統一して王位を得た」。「一日続いた戦闘の結果、ダラニンドラヴァルマン王は無防備の王位をスールヤヴァルマン王によって奪われた」。「王は戦場に大軍を繰り出し、戦闘を交えた。王は敵王（ダラニンドラヴァルマン一世）の象の頭に飛び乗り、王を殺した。ガルーダ（神鷲）が山頂で蛇に襲いかかり、殺すようなやり方であった」。

二人の王のうちもう一人は、ヌリパティーンドラヴァルマン王であった。この王は一五代王ハルシャヴァルマン三世の子孫であったという。バラモンで、王師（ヴラッ・グル）で実力者のディヴァーカラパンディターが、前王たちと同様に一一一三年にスールヤヴァルマン二世に対して職権をもって即位式を執り行ない、正当な王位を認めた。

スールヤヴァルマン二世は、二人の前王たちがこれまで使っていた都城やその近隣の建物を再使用することをせず、プノン・バケン小丘の東側に広がる小池跡地とそのそばを流れるシェムリアップ川一帯を整地し、約三〇年の歳月をかけてアンコール・ワットとその新王宮を建立するのであった。なぜなら、ダラニンドラヴァルマン一世に死をもたらした「一日続いた戦闘」のとき、旧王宮は徹底的に破壊されてしまったからである。それに、この新王はヴィシュヌ神を篤信していたので、それまでのシヴァ派の寺院を使用せず、新寺院の建設を決意したようである。新都城では木造の新王宮はアンコール・ワット境内の北側に位置し、環濠北岸に面して建設された。おそらく環濠には木造の陸橋が架かっていたと思われる。

非日常の大伽藍アンコール・ワット

スールヤヴァルマン二世は、王の権威の象徴としてアンコール・ワットの造営に取りかかった。アンコール王朝史上、最大の石造大伽藍がアンコール・ワットである。アンコール・ワットの建築技術や美術的要素の素晴らしさを伝えてみたい。

第一に建築規模が壮大で、六五メートルの大尖塔、大回廊、大階段が織りなす大伽藍は、参詣する人たちに春分と秋分には上る太陽が中心の大尖塔に串刺しになり、見事な醍醐味を味わわせてくれる。
華麗な彫刻がびっしりと彫り込まれた大回廊は彫刻劇場とも言われ、金泥に塗装された彫像が光輝いている。そして、この寺院は筆舌に尽くしがたいほど完璧な構成を成している。一日のうち、早朝には紅い太陽が背後から中央祠堂を照らし、五大尖塔が天空に浮かび上がるように見える。午後になると熱帯の強い日差しを浴び、夕陽を受けて五大尖塔と西側回廊が赤味を帯びながら金色に光り輝く。これこそ極楽浄土にも似た非日常の光景であろうか。やがて夜の闇の中に、月光により大尖塔のシルエットが浮かび上がる。翌朝には西参道の両側にある小さな聖池の蓮の花の紅色が心を和ませてくれる。その聖池の水面には大尖塔が、「逆さ富士」のごとく映し出される。

残丘上のプノン・バケン寺院からみたアンコール・ワット全景。密林の中に屹立した5基の尖塔。

また、寺院にはいくつもの大小の仕掛けがある。参詣者が西参道を行くと、西参道が終わるところで、前

正装したデヴァター（女神）たち、豪華な髪飾りに注目。

方のテラスによって視界が遮られ、今まで見えていた五大尖塔が目の前から消えていく。しかし、テラスの階段を一段ずつ上ると、再び尖塔が塔頂部から徐々に視界に入ってくる。視覚効果を逆手にとった仕掛けである。そして十字型テラスの上にたどり着くと、そこから第一回廊の壁面に刻まれた薄肉浮彫りが見えてくる。石床から二メートルの高さで、約二〇〇メートルに及ぶ帯状の浮彫り彫刻が、東西南北の回廊に刻まれている。

環濠の内側に沿って造られたラテライト造りの周壁は、東西一〇二〇メートル、南北八四〇メートルである。周壁の東西南北には四つの入口塔門がある。東・北・南の三塔門は比較的質素な造りで、塔門を中心に周壁が五九メートル続き、その真ん中に基軸通路がある。当時の王宮はこの北塔門をくぐり抜けたところにあった。しかし西参道としての西側塔門は、幅二三〇メートル近い大きさであり、そこには三つの入口がある。その塔門の中央上部は豪壮な塔堂となっていて、参詣者はみなここから出入りするのである。そして、この西側の周壁には北と南の端に象の門があり、ここには階段がなく荷馬車や象の修羅が通過できるように砂利を含んだ道となっている。そして、境内では参道を挟んで両側に経蔵が二つ、そして、その向こうに大尖塔を映す聖池が参道をはさんで南と北に二つある。

こうした全体の設計とその立体的構成は、こんな「寺院」がこの世に存在するとは思えないような気持を抱かせ、感動する。当時は全面に金泥が塗られていた。王や実務関係者たちが考えていた極楽浄土をこの地上に再現しようとしていたのであろう。そのアンコール・ワット独特の非日常の発想は崇高な信仰に結びつき、多くの人たちの心を今も捉えている。

アンコールの地が聖都であり続ける理由

アンコールの地は、北にプノン・クレーン高丘を頂き、そこより流れ来るシェムリアップ川の下流域にあり、幾世代にもわたって都城が造営され続けた聖地である。王による都城と寺院の建設が、今日の遺跡趾を形成してきた。

くり返し述べておきたい。大都城がいくつもアンコールの地に建設し続けられた理由は、インドの宇宙観のカンボジア版であった。プノン・クレーン高丘をヒマラヤの霊峰に、シェムリアップ川を聖河ガンジス川に見立て、その下流に繁栄する聖都という設定により、アンコールの地は結果として、神々によって選ばれた聖なる都城として約六〇〇年にわたり存続して行くのである。

そして、王の役割とその使命を目に見える形で最初に具体例を建設して見せた王は、インドラヴァルマン一世（八七七～八八九年）であった。

王位を獲得したいわゆる「王の中の王」は、神託された王の責務（大地の所有者、平和維持者、現人神、繁栄の推進者として）に加えて、新都城の造営が求められていた。

カンボジア版須弥山（メール山）を象徴する山岳型の国家鎮護の寺院を建設し、未来永劫の王朝の繁栄を築くのが王の役割であった。バラモンなどの宗務者による占星術考察の結果、都城の位置、着工時期などが決定されたと考えられる。

アンコール・ワットの設計図

アンコール・ワット建立に際して、牛革皮などに描かれた「設計図」、または「建築書」はあったのだろうか。詳細は分かっていない。しかし、五～六世紀には、インドから入った三角法による測量がアンコール・ワット建設時に使われていたようである。

加えて、アンコール・ワットが建立される一二世紀までの石造建築技法には目覚ましい独自の発展があった。アンコール建築は基本的には左右対称で、寺院中心を突き抜ける直交軸をもつ。この直交軸と交差する副次的な軸が幾重にも重なり、複雑な幾何学的平面を構成している。これら幾何学的構成は、直線・方形・円などの図解と平方根（√）などを援用することにより求められている（荒樋久雄氏談）。

残念ながらアンコール建築の場合、「基準となる単位長さ」(日本建築の尺や間などのように建物を建てる際に用いられた基本の長さの単位、メートルの原器)が明らかではない。アメリカ人建築家エレノアー・モニッ女史は「基準となる単位長さ」を推定した結論として、アンコール・ワット建造に対して用いられた一ユニットは「四三・五四五センチ」の腕尺(腕の長さを一単位とした長さ)が用いられたと提示している。また、同氏によるとアンコール・ワットは、太陰暦、天体の運行、春分、秋分、冬至、夏至の太陽の位置などの天文学、占星術的な要素が密接に関連して、建築計画が組み立てられたという。

石材をどのように運んだか

大伽藍アンコール・ワットは、数万個に及ぶ膨大な砂岩とラテライトの石材ブロックを、一つずつ積み上げ建立されている。それには、各寺院ごとに一万人近い建寺作業員が従事し、およそ三五年もの歳月を要したという。一説には、一〇万個をはるかに超える石材が使われたとされ、総重量は二〇〇万トンと試算されている。今から約九五〇年も昔、建築機械が何もなく、全てが人力のみの時代に造営された。それがどうやって建造されたのであろうか。私たちの現場経験から、その仮説に挑戦してみたい。

アンコール・ワットに使用されている膨大な石材の砂岩ブロックは、約三五キロ離れたプノン・クレーン高丘の麓にある露天掘りの砂岩の石切場から切り出され、アンコールまで運ばれて

砂岩石材を筏の間に沈めて雨季の増水したシェムリアップ川を行く筏流し（上智大学調査団提供）。

きた。現場では石工たちが、約五キロ以上もある鉄棒を砂岩石の表面に打ち込み、穴を開け、梃子《てこ》を使って石材のブロックを切り出すのであった（二三〇ページ写真参照）。この作業は今でも年間を通して行なわれている。石材ブロックの重さは一つが約五〇〇キロから一トン以上にも及ぶ。これらの石材を一〇万個以上もアンコール・ワットまで運ぶのはとても困難な作業であった。騎象の修羅も不可であった。それに川舟も考えられたが、これも無理であった。

　いったいどうやって約三五キロも離れたアンコールの地へ運んだのか。しばらく謎のままであった。この疑問に応えて、二〇〇三年、日本大学の片桐正夫教授と三輪悟助教を含む上智大学国際調査団は、筆者も現場で立会い、実際にアンコール・ワットの環濠現場を川に見たてカンボジア人作業員三五名と協力して挑戦し、実際に筏流しを試みた。

　四メートル四方の竹製の筏の真ん中に穴を開け、そこに石材（約三〇〇〜五〇〇キロ）をつる草で縛りつけ、筏が沈まないように、石材を水面とすれすれのところにおく。重量のある石材を水の浮力を利用して運ぶのである。筏の上に人が乗り、長い竹の棒で操船する。石材が沈まないように筏を動かし、川の流れで石材を運ぶ。雨季の増水期を中心として数万個に及ぶ石材を運ぶ筏流しが始まる。そしてシェムリアップ川を下り、建設現場に近いところまで届け陸揚げする。当時雨季の大洪水を利用した「大筏流し」が行なわれていたと思われる。アンコール・ワットの場合は筏を環濠の中に導き入れ、現場に近いところで陸揚げしていた。

石造建築技術の集大成

どのようにして高く石積みをするのか。これも試行錯誤しながら、ワットで働く石工たちと共に実施した。一五メートルほどの長さの二本の高い木柱を、上部のところで縛りつけ、二叉《ふたまた》を作る。この二叉に滑車に似た滑り石をつけ、それにつる草のひもをつけ、石材を下から引張り上げ、二叉のアタマを振り、隣接した次の高い足場へ下ろし、そして同じ手法で石材を次々と積み上げていくのであった。石材を積み上げている場面は、バイヨン寺院（一三世紀初め）の浮彫レリーフにも描かれている。

一つの仮説であるが、そのレリーフ絵図から推測すると、工事は中央祠堂付近からスタートして、順次外側に工事を進め、仕上げていったと考えられる。前述のように、石材積み上げの際に、接着剤などは一切使われていない。二個の砂岩石材の間に少量の砂と水と塩を入れて石材同士を五〇回ほど摺り合わせると、そこに表面張力が発生し、石材と石材が密着するのである。カンボジア独特の接着剤なしの伝統技法である。

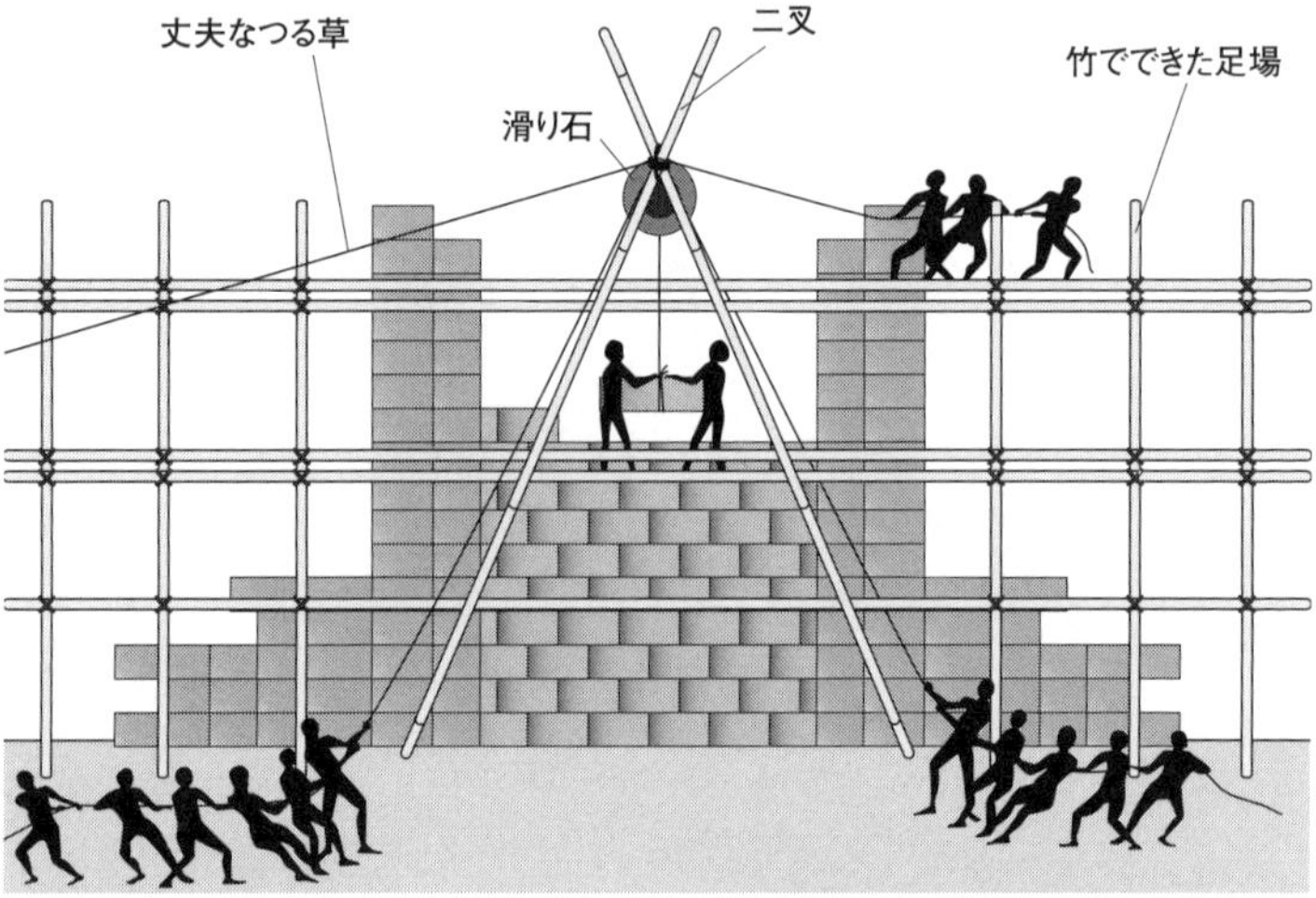

二叉で石材を吊り上げている模式図（原図・上智大学調査団提供）。

石材接着をしている絵図の浮彫り（上智大学調査団提供）。

石壁の積み上げ技法にも特徴がある。当時の人たちは経験を積み、現在の構造力学的手法を体得し、石材を少しずつずらしながら積んでいくのである。重量のある石材は、そのまま積むと倒れてしまう。だが、バランスよく積み上げることにより、高い外壁でも、石材自体がお互いに重力を支え合い、一点加重を分散し、強度を高める工夫が施されている。

タ・プローム寺院（一一八六年）の外壁は俗界から僧侶を隔離するための高壁であるが、外側から中心部に向けて石材が組み込まれ、現在も当時の高壁が崩れずそのままである。

一九六〇年代にアンコール・ワットの石積み壁の修復工事に立ち合ったが、その際、高壁の曲がり角には約六〇センチから八〇センチほどの一個の鉄材「千切《ちぎり》」が隣接する二つの石材にわたし込まれ、強度を高めているのである。外から見ると石材を積み上げただけのように見える巨大な壁には、建築学上のこうした秘密が隠されていたのであった。だからこのように高い石壁を、約九〇〇年もの時空を超えて、崩れないように千切が支えているのである。しかし、村人たちはこの秘密を知っていて、石壁を壊し、この鉄材を入手していた。

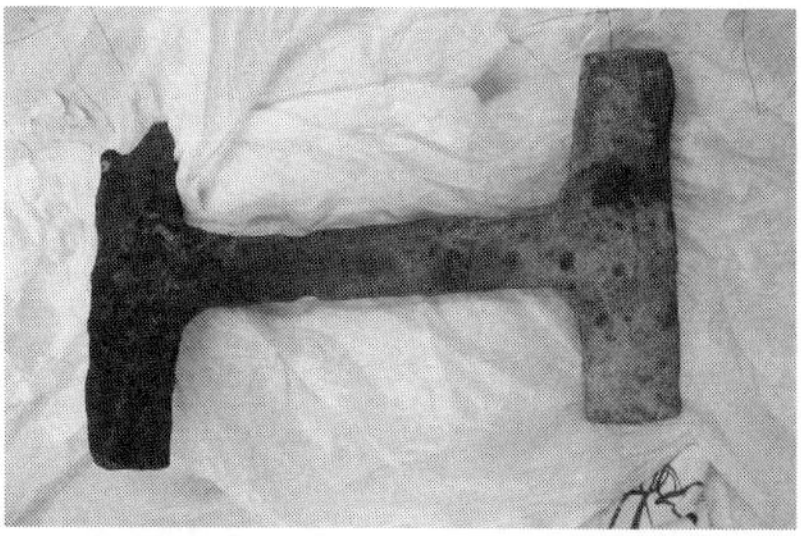
高壁の曲がり角に組み込まれていた「千切」（上智大学調査団提供）。

中央祠堂から造営が着手されたとすると、メインとなる五基の塔堂の建物を造り、その後順次、回廊や参道、環濠の順に外側に向かって施工が行なわれていった。少しのずれもない採寸方法や、またどうやって全体を設計し施工したのか、今も設計図が見付かっていないため不明のままである。回廊もまずは第三回廊の石材を積むことから始まる。そして、石材を積み終わったら、塗り師、絵師、彫り師、研ぎ師とその助手など、仕上げや彫刻専門チームにより表面の彫刻を仕上げていく。いったいどれだけの数の専門チームが存在し、どんな作業を繰り広げたのであろうか。

参道敷石にぴったり合うように石と石に符号が付けられている。

遺跡には全体の設計と施工、現場の測地、盛り土工事法、運搬、加工、彫刻などすべての工程において、経験から創り出された土着の高い技術と技法が駆使されてきた。アンコール・ワットには約六〇〇年にわたる石造建築技術が集大成されている。

こうした伝統に立脚した建築技術に加え、三〇年以上にわたる歳月を完成に向けて、費やす王の建寺熱と強い政治力。アンコール王朝は私たちの想像を凌駕する高い技術を使って造営の活動を維持し続けた。現代を生きる私たちも感銘を受けるほどの高い芸術を創り出し、これを実現するため高い技術力が駆使されてきたのであった。

縄張りと版築

アンコール・ワットは旧小池跡上に造営された。旧シェムリアップ川は現在のアンコール・ワットの中央部を流れていた。アンコール・ワット境内の地下には、その旧河床跡が確認されている（フランス極東学院調査）。この時、シェムリアップ川はアンコール・ワットを建設するための敷地の東側をまっすぐに流れるように改修されたのである。

建立場所の選択の後には、次の作業として樹木の伐採と簡単な整地作業などが行なわれる。着工前には、盛大な地鎮祭が執り行なわれた。クメール版ヒンドゥー教の神々や土地の精霊を祀り、永劫の国家安泰、工事の無事を祈願し、伝統舞踊の奉納もあった。地鎮祭後、正確な東西南北の方位軸が太陽の日の出日没を利用して求められ、そして寺域に対する縄張りが開始される。縄張りにしたがって寺地の造成作業が始まる。

アンコール・ワットにおいても中心部の主要な建物の下部の基礎は、地面を掘り込み、川砂を約一〇センチ敷くごとに、水などをかけつつ突き固める版築を繰り返し、厚さ数メートルに及ぶ砂地業《すなちぎょう》(砂を水締めしながら突き固めてつくる地盤改良工事)が行なわれていたことが確認された。その先例として一九六〇年頃に行なわれたバプーオン(一〇六〇年頃建立)の修復工事の時、内部にきれいな川砂が敷きつめられている事実をフランス極東学院チームが検証している。同じくバンテアイ・クデイ(一二世紀末)の基礎土台部分にも、やはり同種のきれいな川砂が厚さ一・五メートルにわたって敷き詰められていたという。

砂地業に加えて二〇センチほどの割栗石《わりぐりいし》(基礎作業などに使用するために岩石を打ち割って作った小石)を要所に詰め込み、強度を上げるための仕掛けも行なわれていた。バンテアイ・クデイの調査時の報告書によれば、この割栗石は、建材に使われている「灰色砂岩」とは異なり、強いていうならば「黄褐色砂岩」であることがわかった。ちなみにバイヨン(一二世紀末〜一三世紀初め)の浮彫りでは、この作業工程である「地面を棒で突き固める版築作業員」の浮彫りが刻まれている。版築工事に用いる川砂は、シェムリアップ川の川底からの供給が可能であった。私

アンコール・ワットをぐるっと囲む幅200メートルの大環濠。石材を運んだ筏は環濠に入り陸揚げした。

は一九六一年からカンボジアに出かけているが、その時もシェムリアップ川から川砂を採取している村人たちをよく見かけた。この川砂は、地盤として安定した均一な硬さを与えるとともに、水の浸透性がよいために、雨季の大量の雨を素早く処理できるという材料的特質がある。

アンコール・ワットの第一回廊と十字型テラスを支える基礎は、高さ一メートルの盛土で造成され、さらに三層の基壇を積み上げている。この寺院の本殿を含む基礎部分の大きさは一八七×二一五メートルであり、それが中央祠堂の高さ六五メートルを支えている。第一層の基壇は、基礎土台の上に盛土を版築して三・三メートルの高さに積み上げ、その上部にはプリヤ・ポアン回廊と二経蔵、第二回廊が乗っている。第二層の基壇はさらに五・八メートルの高さに積み上げ、その上部に第三回廊と中央祠堂の基底部が構成されている。そして第三層では一挙に高くなり、一一メートルの高さの基壇の上に中央祠堂がそびえるのである。

次に寺院を囲む環濠を見落としてはならない。幅二〇〇メートル、周囲五・五キロの護岸は一八段の敷石壁で造られていて、延べ一〇・六キロメートルに及び、約五〇〇万立法メートルの水を貯えることができるという。

現在水をたたえている環濠の総面積は約九一ヘクタールに及ぶ。この環濠を造営するため、仮に環濠の深さの半分の土砂が取り除かれたとしても、東京ドームの約一・五杯分、一〇トントラックにして約七台分と、大量の土砂となる。取り除かれた大量の土砂は、環濠の土手の築堤、または境内の基壇の盛土としても使われた。ワットの排水口は環濠の南東際にある。

回廊の絵巻群

アンコール・ワット第一回廊西面の南寄りには、二〇〇メートルに及びインドの大叙事詩『マハーバーラタ』の戦闘の場面が描かれている。第一回廊の南西端にある角隅塔の壁には、カンボジア風に脚色されたインド伝来の神話などが断片的に採話され、薄肉浮彫りの手法でもってわかりやすく写実的に描かれている。

西面の北寄りには、もう一つのインドの大叙事詩『ラーマーヤナ』の大場面が展開されている。とくにランカー島の大戦闘場面には臨場感があり、見ていくうちについ引き込まれてしまう。こ

第1回廊西面の南寄りにある『マハーバーラタ』物語の浮彫り。西日の差し込み方により絵図が動き出すように見える。

のランカー島の戦いは、北西の両角隅塔の壁面浮彫りにさらに詳細が描かれ、それらはいくつかの主要なテーマに絞ってまとめられている。しかし、よくその浮彫り絵図を見ていくと、『ラーマーヤナ』原典には載っていない出典不明の現地の風景が刻まれており、カンボジア発想の土着らしい絵柄もいくつかはめこまれている。クメール人によるエピソードの加筆は、画面をにぎやかにすると同時に民族的な「誇り」のようなものを感じさせる。

第一回廊南面の西寄りの有名な「歴史回廊」では、玉座に座るスールヤヴァルマン二世の実像が描かれ、大臣、バラモンたちを前に下知を下している実際の政治の場面がそのまま描かれている。その先には軍隊の大行進が臨場感をもって描かれ、将軍たちがこの行幸に加わっている。先頭を行く

玉座に座るスールヤヴァルマン2世。多くの天蓋が差し掛けられている。

のは、戦象に乗った勇壮なシャム人傭兵のシャム・クック軍である。

さらに南面の東寄りは「天国と地獄」の回廊で、閻魔大王（仏教と同じ）の審判が大きく描かれ、獄吏たちを従え裁可を下している。その先には、この善悪の審判の結果、極楽浄土へ向かう人と、地獄で刑罰を受ける罪人たちが描かれている。この回廊はフランス極東学院の建築家たちにより修復され、裏壁にはバット・レス（控え壁）が設置されている。

カンボジア版「乳海攪拌」大絵巻

次に、第一章でも触れたが、第一回廊東面の南寄りには、クメール人に人気の「乳海攪拌」の絵図が描かれている。この乳海攪拌の場面は、インド神話の原典テキストに完全に一致しているわけではない。例えば、ラーマ

乳海攪拌浮彫り。大蛇の胴体を引き合う。

王子と手を組んだ神猿ハヌマットのことはインドの原典には書かれていない。また、水中動物がひしめき合って海中を泳ぎ回り、攪拌棒の近くの波が渦巻き水中動物を巻き込んでいる。

　不老不死の薬アムリタ（甘露）は、攪拌棒の「逆さ吊りマンダラ山」で海をかき回すことで得られたのである。綱の役目をする大蛇（ヴァースキ）の助けを借りて、綱の一方をデーヴァ（善神）が、もう一方をアシュラ（阿修羅＝悪神）が持ち、一心不乱に長い間引き合って、攪拌棒を回転させたのである。

　乳海攪拌の場面は反復と繰り返しが多い画面の構成であり、描出図像が単調でもある。しかし、繰り返しは生きとし生けるものが生死を繰り返す輪廻転生を表現している。このような乳海攪拌の浮彫りは、バンテアイ・スレイ寺院やバイヨン寺院など、ほかのアンコール遺跡にも多く描かれている。これらの場面はクメール人彫工が好んだ題材であり、図柄の中にインド版では見られないカンボジア版の想像上の動物の図像が描かれている。これこそ原カンボジア文化を絵図にした乳海攪拌と見るべきであろう。

なお、第一回廊の東面北寄り回廊と北面回廊は未完成のままスールヤヴァルマン二世の治世が終わった。一六世紀半ば頃、前期アユタヤ朝が隣国のミャンマー問題で忙殺されている時代にアンコール王朝の末裔のアン・チャン一世（一五二九〜一五六〇年）が旧都アンコールに戻り、未完成だったアンコール・ワット第一回廊の東面北寄り回廊と北面回廊の追加工事を開始した。ところが、その題材は巨大な神々と悪鬼の大戦闘場面であり、その浮彫り絵図は当時のシャム美術の影響が大きく反映されていたため、アンコール時代の美術からかけ離れていたのであった。美術史上からはあまり評価されていない。

「水の帝国」のシンボルとして

アンコール・ワットを取り囲む環濠は、前述のとおり幅が約二〇〇メートルあり、護岸は段状の石組積み階段で仕上げられている。環濠をまたぐ陸橋の西参道は、ナーガ（蛇神）の欄干に縁取りされ、砂岩の敷石で造られている。どの参詣者も、この西参道を渡って入ってくることになる。その入口では七つ頭のナーガ立像が大塔門を守っている。ワットの東側入口は参道ではなく、創建当時から約三〇年間にわたり石材や建材などを運び入れた作業道路であった。

アンコール・ワット寺院は「水の帝国」のシンボルと言われてきた。第三回廊の最上階には二〇メートル×二五メートルの小池が四か所に設置されており、池の水面に、六五メートルある中央祠堂の壮麗なシルエットが映し出される仕組みとなっている。また、第三回廊を降りたところの広い石面床に一〇センチほどの深さに雨水をため、水面に五基の祠堂のシルエットを映し出せる。当時、この祠堂には金泥金箔が施されていたので、水面によく映え、その風景は、自分がどこにいるのかわからなくなるような錯覚を起こさせたであろう。第二回廊から降りてプリア・ポアンのある中回廊にも同じく小池が四か所あり、輝く壁面や列柱の浮彫りを映し出す仕掛けとなっていた。

大環濠に囲まれた大寺院アンコール・ワットは、繁栄に裏付けられた豊かな経済活動を反映している。「神なる王（デヴァラージャ）」の名とその王の存在をさらに神聖化し、深め、カンボジア版ヒンドゥー教の神々を五基の祠堂に映しながら礼賛し、カンボジア民族の宇宙世界を物語っている。

グロリエのアンコール「水利都市論」

水の帝国として繁栄を続けたアンコールの人々へ食糧を供給できたのは先述のようにバライ（貯水池）や盛土堤防を利用した二期作であった。ここで、最新研究成果からアンコールの水利事情を見ていきたい。

ベルナール・フィリップ・グロリエによる「アンコール水利都市論」論文は五〇ページに及

び、一九七九年の『フランス極東学院紀要』に地図付で発表された。重厚な論文であり、またアンコール王朝の発展を解明できる説得力のある労作であった。長年にわたり現地で積み上げた調査データにもとづいて立論されており、アンコール王朝を研究しているだれもが注目した論文であった。

民族学のジョルジュ・コンドミナス教授は、この水利都市論を絶賛し、その書評の中で高く評価している。しかしながら、グロリエは不幸にも、一九八〇年にシェムリアップの事務所に強盗に入った賊に襲われ、その傷が原因で、一九八六年に早逝してしまった。

しかしながら同時に、この論文について調査データに不明確なところがあるという指摘があり、批判が続出した。この論文では、雨季の雨水と河川の水をバライに貯水することから始まる。そのバライを扇状地の少し高い場所に設置して、傾斜を利用し、乾季に水路で水を田畑に流し、二回目、あるいは三回目を耕作するとしている。王とその担当高官が主導する王朝存続の重要案件であった。

グロリエは耕作されていたと考えられるアンコール地方の総面積（水利都市区域、雨水米作区域、乾田地域を考慮して）から、この地方の最大総人口を一九〇万人と概算した。研究者アッカー氏は一九九八年の論文の中で、一五八万八〇〇〇人に修正した。

さらに興味深い試算では、グロリエによれば、雨水によるこれまでの農業では一四万人分の籾米を供給できたという。そして水利都市の農業では二八万八〇〇〇人分の籾米が供給できた。この水利システムでは一四万八〇〇〇人分の作業員を、十分に扶養できたという。さらに追記として、約一五万人規模の作業員がいたとしたら、西バライ（二キロ×八キロ）を三か月間で建設できると試算した。

しかしながら、どのようにして導水と配水を行なうのか、導水路は実在したのか、配水のシステムなどが検証できない。しかもその「水」の管理等について言及した碑文が一つもない。①寺院の池・環濠の水は農業に使われなかった。②もともとアンコール地方は食糧を自給できていた。その理由は、それなりに肥沃な田地が湖水周辺に広がっていた。③都城と地方諸州を結ぶ四本以上の版築盛土道が稼働していたので、食糧は自由に各地から入手できた（ヴァン・リエール、一九八二年）などの批判が続いた。

上智大学調査団による「田越灌漑」の大発見

私たち上智大学国際調査団は、二〇〇九年一一月九日にコンピュータ・グラフィックスを使って田越灌漑の学術成果をパリのフランス極東学院において発表した。

一九九八年に日本の国際協力機構（ＪＩＣＡ）は、内戦から復興中のカンボジア王国政府にアンコール地方の農業開発のため、「五〇〇〇分の一地形図」を作成し、提供した。カンボジアではこれまでフランス植民地下の一万分の一の地図しか存在しなかった。グロリエの水利都市論の一九七九年の論文はこの一万分の一の地図を使って立論していたのだ。

グロリエの論文には、新しい調査成果と立証のための地図が掲げられ、「アンコール王朝がな

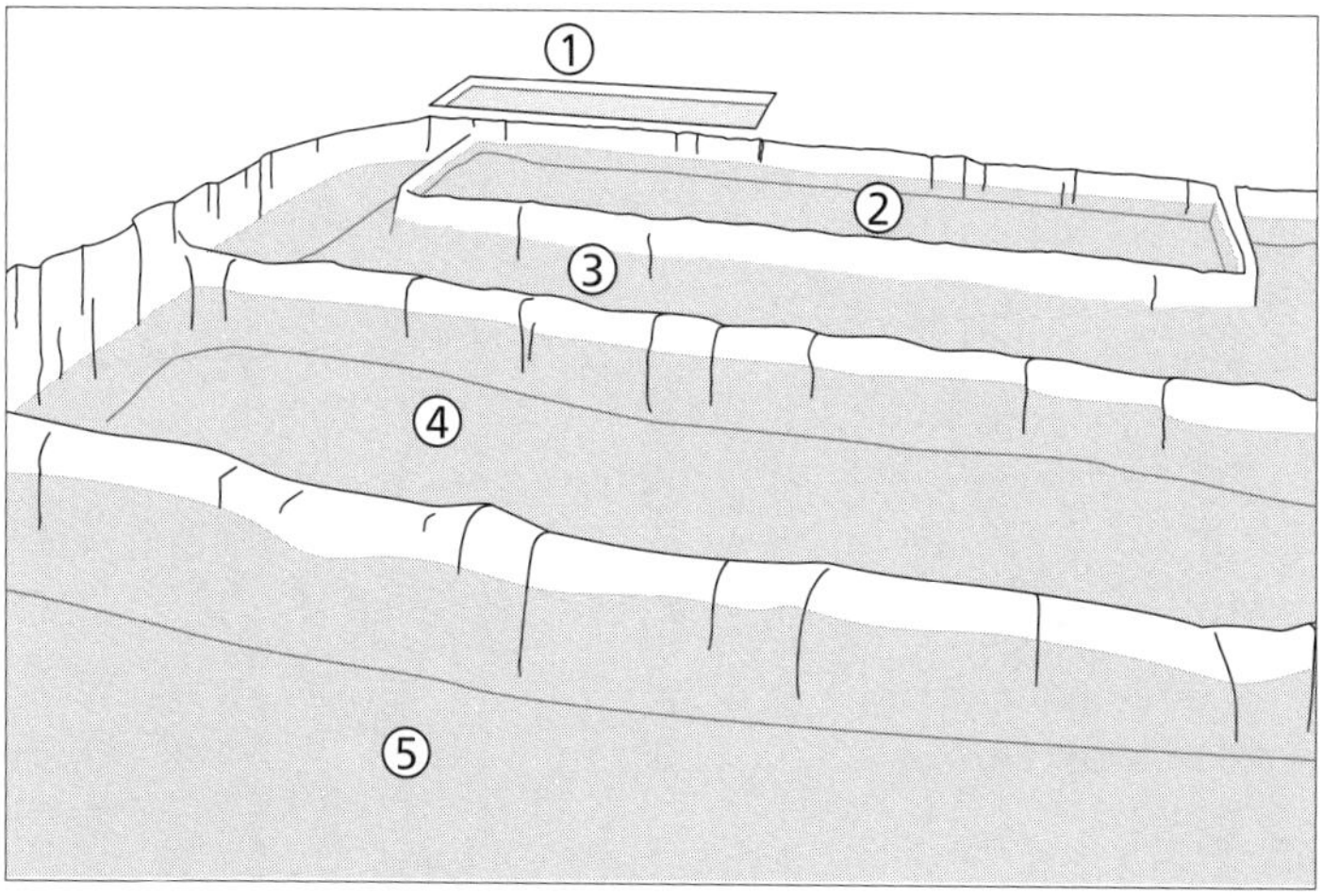

田越灌漑のモデル図。①バライに溜めた水を②下位へ流す。③下位の水田が湛水したところで散播。稲穂が根付いたところで、④さらに下位の水田へ水を入れる。⑤バライの下位にいくつもの水田が出現する（原図・上智大学調査団提供）。

ぜ繁栄したか」を「バライ・水路・二期作」から説明し、この論文は専門家を含めて大きな賛否両論が寄せられた。それには実地調査の検証の不十分なところの指摘があり、そこを衝く否定論が多かった。

上智大学国際調査団は五〇〇〇分の一の地形図を入手し、国際航業㈱のコンピュータ処理の協力を得て、アンコール王朝時代の貯水池による集約農業の実態の解明に挑戦した。その結果をまとめ、「NHKスペシャル　アンコールワット〜知られざる水の帝国〜」として、一九九七年一一月一六日に全国放映された。

私たちは日本人の灌漑の専門家と地図作成者の助言と協力を得て、コンピュータ・グラフィックスを作製し、地形図を四〇倍に拡大し、約八〇〇年前の地形図をそこに映し出し、謎に挑んだ。シェムリアップ地方は大扇状地形上にある。その地形のわずかな傾斜を利用して乾季の農業がおこなわれていた。彼らは二期作を実施していたのである。地図上に貯水池を再現し、これにより当時の二キロ×八キロに及ぶ大水田に、人工の盛土の「畦道」を発見し、大規模な田越灌漑が実施されていたことを確認した。こうして王朝経済の集約農業の核心部分を解明したのである。これにより当時約五〇万人から一〇〇万人近い人的資源がアンコール地方に集結し、結果としてたくさんの大石造伽藍の建寺が可能であった史実を明らかにしたのであった。この田越灌漑についても賛否両論が寄せられた。

NASA国際調査チームの成果

その後、NASA国際調査チームが二〇〇七年八月にアンコール地域に入り、解像度一メートル以下の画像解析機器と高解像レーダーを持ち込み、アンコール王朝時代（九～一五世紀）の水利施設と水路跡を現地で確認し、公表したのであった。例えばバライ所在地の地形、バライ、水路の痕跡、田地跡などの総合的な調査であった。その結果、アンコール都城にはかつて一〇〇〇キロにも及ぶ、大規模な水利路が稼働していた史実を突き止めた。バライの水路から、周辺地域の田地へ水を流していたことも確認した。当時、最盛期の人口が一〇〇万人を超えていたかもしれないという仮説も提案された。この水利都市事業が、王の強い意志で稼働していたことも確認したという。

このＮＡＳＡ国際調査チームの報告は、フランスの『フィガロ紙』（Le Figaro, 二〇〇七年八月一三日付）に「アンコール都城における大規模な水利施設の活用」（Une hydrographie de grande envergure à Angkor）の見出しでその全容が報道された。さらに前述したＮＡＳＡの成果を『ナショナルジオグラフィック』（National Geographic、第一五巻第七号二〇〇九年七月号）で特集し、調査に参加した専門家二名のインタビューにもとづき、誌上で「アンコールの興亡」という調査写真データを掲げ、水に支配された都城の残影の写真を掲げている。田地に配水する水路跡を確認し、地域の全人口は七五万人ぐらいであったという。そして西バライ（二キロ×八キロ）の築堤のために、二〇万人の土木作業員が動員されたという。これも、グロリエ水利都市論を裏付ける論証であった。

スールヤヴァルマン二世のベトナム侵攻

スールヤヴァルマン二世時代は、中国との国交を再開し、一一一六年（政和六年）と一一二〇年（宣和二年）に、北宋へ朝貢の使節を派遣している（『宋史』巻四八九「真臘伝」）。王の意図は、カンボジアが大帝国として東南アジアで繁栄している史実を先ず中国に伝え、こうした東南アジアにおける覇権を朝貢を通じて宣伝するためであった。

クメール民族は、いつの時代も東隣国のチャンパーとの戦争が絶えなかった。北隣国のベトナムでは、李朝が一〇〇九年に中国から独立し、この地域の政治的均衡が変わってきた。スールヤヴァルマン二世時代になると、アンコール王朝とチャンパーとの関係もすっかり変わった。ベトナム南部沿岸に拠点を持つチャンパー国は近隣地域との交易で繁栄を享受していた。

「スールヤヴァルマン二世は即位するとすぐにチャンパーを攻撃しはじめた。それに加えて大越（ベトナム）の李朝とも戦闘に入った。一一二八年にスールヤヴァルマン二世は二万人の軍隊を率いて李朝の大越に向かったが、李公平によってゲアン省から駆逐された。翌年の秋には七〇〇隻以上の船隊を特派してタィン・ホア沿岸（北部）を略奪し、それ以後この李朝を攻撃しつづけた。チャンパーは一一三一年に初めに李朝神宗皇帝（李陽煥、一一二七〜一一三七年）に朝貢を贈った。しかし一一三二年にはクメール軍と共同してゲアン省に侵入し、間もなく追い払われてしまった。チャンパー王ジャヤ・インドラヴァルマン三世は、これ以上ベトナムに対する政治的冒険を続けなかった。しかし、一一四五年にスールヤヴァルマン二世はチャンパーに侵入し、首都ヴィジャヤを陥れ、この国を占領してしまった」（アンリ・マスペロ）。

スールヤヴァルマン二世は、チャンパー国に対して後宮のチャム人女性の弟ハリデヴァを占領下のチャンパーの王として即位させたが、その弟は一一四九年に殺され、ジャヤ・ハリヴァルマン一世を名乗る新王が即位した。さらに、一一五〇年ころに再び大越に遠征部隊を送ったが、大敗を喫してしまった。

スールヤヴァルマン二世は、さらにダンレック山脈を越えたラヴォ（ロッブリー）地方まで軍隊を進め、さらに現在のタイ中部まで攻撃したという。タイの『年代記』ではラヴォのカンボジア人軍隊とハリプンジャヤ（ランプン）のモン人ラーマンナス王との戦闘について言及している。記載の年代は一一五〇年頃である。

とにかく一二世紀半ば頃、アンコール王朝は東南アジア大陸部において領土を拡張していた。中国の『宋史』は一二世紀半ばのアンコール朝の帝国的広がりを次のように描写している。「真臘（カンボジア）は、北は占城（チャンパー）の南の国境、東は海、西は浦甘（パガン）王国、南は加羅希（マレー半島東岸のチャイヤーとバドン湾にあるグラヒ）に隣接する」。さらに一一二八年（南宋、建炎二年）に、中国皇帝は「真臘王に高い官位を与えた。『金裒賓深』と名付けられ、王は中華帝国の偉大な臣下と認められた」とある。

ヴィシュヌ神派の隆盛とアンコール・ワット様式寺院

スールヤヴァルマン二世の晩年については、はっきりしない。その没年も不明である。存命中の最後の碑文には、一一四五年と記されている。しかし、一一五〇年の李朝大越への遠征がスールヤヴァルマン二世の治世中に展開された最後の軍事行動である。

スールヤヴァルマン二世時代末期の建設として位置づけられる寺院は、トマノンおよび隣接したチャウ・サイ・デヴォダの二寺院であり、瀟洒《しょうしゃ》な壁面浮彫りと、垢抜けした上品な彫像が奉納されていた。

東バライの東岸近くにある美しいバンテアイ・サムレ寺院は、王に仕える某高官が建てたらしいが、この寺院についての創建碑文が欠落し、その詳細はわからない。しかしながら、境内は狭い場所ではあるがアンコール・ワット様式の小祠堂が建立され、コンパクトにまとめられた寺院である。

スールヤヴァルマン二世時代には、ヴィシュヌ神派勢力が宮廷内で優遇されていた。その優遇ぶりはヴィシュヌ神に献じられた多くの寺院が存在することでわかる。カンボジア版ヴィシュヌ神派はシヴァ神派以上に霊魂の神秘を鼓吹していたという。こうしたカンボジアにおける熱烈なヴィシュヌ神崇拝には、インドの影響があったという。

インドにおいて、新ヴィシュヌ神派の創始者ラーマーヌジャが登場し、ヒンドゥー教の宗教改革運動を行なったのと同じ時期にスールヤヴァルマン二世が統治していたことに注目したい。このラーマーヌジャは一〇一二年、南インド生まれの哲学者・宗教家であり、ヴィシュヌ神信仰を民衆の間に広めたという。史料上において、インドとの頻繁な往来は確認できないが、外国人商人の来航とベンガル湾を通じた交易の盛行などからみると、アンコール朝でのヴィシュヌ神派の隆盛と関係がないとは言えないのではないか。スールヤヴァルマン二世の対外関係と、各地への遠征から考えるならば、当然インド方面との頻繁な往来と交流もあったと推定できる。

ベン・メリア寺院などの建立による北開発

アンコール都城から遠く離れたピマイ寺院（約二五〇キロ）に向かって王道が続いていたが、

ピマイ寺院の手前六〇キロほどにある丘陵の上に、パノン・ルン寺院がある。この寺院が在る地方は少なくともラージェンドラヴァルマン王時代（九四四〜九六八年）以来、上部カンボジア（現在の東北タイ地方でイサーンと呼称）として位置づけられていた。インドのラーマーヌジャ派の影響があったかどうか確証はないが、この丘陵はヒンドゥー教苦行僧の修行の場所でもあった。苦行僧たちはここに小祠堂を建てていたが、一二世紀前半にスールヤヴァルマン二世の実の従兄弟ナーレンドラーディティヤが、武将として栄光ある生涯を送った後、この丘陵において出家隠遁したという。パノン・ルン寺院は、この武将が私財を投げ打って建設した寺院であった。

この寺院そのものはとくに大きいというわけではないが、丘陵の頂上に位置し、本殿までの参道の長さなどを考えると、この地域はアンコール朝北西部の重要な戦略的拠点でもあった。丘陵の麓には大きなバライがあり、さらに近くの平地には一一世紀に建てられたプラサート・ムアン・タム寺院があり、この地方がいかに豊かであったかを証明している。また近くにはジャヤヴァルマン七世時代の「灯明のある家」跡がある。

おそらくスールヤヴァルマン二世時代より少し前に、ベン・メリア寺院が着工された。この寺院はプノン・クレーン高丘の麓、アンコールの東約五二キロに位置し、新しい場所に造営された大寺院である。この場所は交通の要衝にあたり、北へ向かうとコー・ケー寺院（約一三〇キロ）と、その先にワット・プー寺院（約二六六キロ）があり、さらにメコン川の河川道と続き、今のラオスに通じている。ベン・メリアから東へ向かうとその六〇キロ先にコンポン・スヴァイの大プリヤ・カーン寺院（約一五〇キロ）があり、当時の交通の分岐点でもあった。

ベン・メリア寺院は、アンコール・ワットのミニチュア版の建築と言われている。配置と構成はアンコール・ワットに近似しているが、アンコール・ワットより少し小さく、平面展開の寺院である。ピマイ寺院と同様仏教寺院であったともいわれている。この地域において大きな勢力をもっていた地方長官、もしくは土侯たちが造営したといわれている。この寺院についての碑文は、まったく発見されておらず、謎めいた寺院遺跡でもある。

謎に包まれたヤショヴァルマン二世

一一五〇年頃、スールヤヴァルマン二世が亡くなると、王位はすぐにヤショヴァルマン二世（一一五〇頃～一一六五年）の手に渡ったといわれているが、この一九代目の王の出身地や系譜についてはまったく不明である。これまでの説では、スールヤヴァルマン二世とヤショヴァルマン二世の統治期間に、二一代王ジャヤヴァルマン七世の父親であるダラニンドラヴァルマン二世が統治したとも考えられている。しかしダラニンドラヴァルマン二世の統治の痕跡は何も残っておらず、この人物は王名を冠称してはいるが、アンコール朝の王位には就いていないのである。それを考えると独立した国内の小王国の土侯もしくは地方長官であったかもしれない。

ヤショヴァルマン二世の名は、ジャヤヴァルマン七世の家系の中には現れてこない。この史実は、新王が地方のマヒーダラプラ王家の系統に属していないことを示している。おそらくヤショヴァルマン二世の登場は正統性を欠いたものであった。そしてヤショヴァルマン二世を排除しようとした後継者によって、この王の時代の碑文は破棄されてしまった可能性があり、この王に言及した碑文は一つも発見されていない。

それでも当時の状況証拠や言及などから、ヤショヴァルマン二世は一一五〇年ころに登位し、一一六五年に没したらしいことがわかる。その約一五年続いた統治の間に、何らかの寺院の建設に携わった可能性がある。仮説ではあるが、それは九世紀末建立のバコン寺院の中央祠堂を再建したという。その様式がアンコール・ワット様式に属する事実から、ヤショヴァルマン二世による修復工事であるという仮説が考えられている。そしてヤショヴァルマン一世は、王宮をアンコール・ワットの近くではなく、現在のプリヤ・カーン寺院の近くに構えたという。

ヤショヴァルマン二世が王朝の西方拠点のロッブリー遠征から帰還したときに、一人の高官が反乱を起こした。不意を突かれて王は落命したのであろう。その高官が、トリブヴァナーディティヤヴァルマンの名で二〇代王として即位した。一一六五年頃のことである。このクーデターに際して、次代王となるジャヤヴァルマン七世は、その時チャンパーへ遠征中であったが、ヤショヴァルマン二世を助けようとチャンパーの首都ヴィジャヤ（現在のベトナムのクイニョン地方）から戻ったという伝承があるが詳細はわからない。

チャンパー軍によるアンコール都城占拠

チャンパーの王はこのアンコール王朝のこうした政治的混乱を知っていた。カンボジア王のトリブヴァナーディティヤヴァルマン王（一一六五頃〜一一七七年）は一一六五年からアンコール地方で一二年間統治することになる。同王の時代にどのような建造物が壊され、新築されたか、ほとんどわからない。王の名前が記されているのは銅版一枚だけであって、アンコールから遠く離れたプノン・バヤン遺跡（現在のカンボジア南部）で発見されている。

チャンパーではジャヤ・インドラヴァルマン四世が、一一六七年に王位に就いた。王は一一七〇年に大越と和解したあとで、引き返す振りをして、鉾先をカンボジアに向けた。碑文には「チャンパー王ジャヤ・インドラヴァルマン四世は、生意気にも悪鬼ラーヴァナの如くその軍勢を送り、極楽浄土にも似たるカムブの国を討たんとしてきた」とある。

一一七七年に、このチャンパー王ジャヤ・インドラヴァルマン四世がアンコール都城を急襲した。漢文史料によると、チャンパー軍は水路を使ってアンコールを目指した。メコン川からその支流のトンレサープ川へ入り、中国人の水先案内人に助けられて、トンレサープ湖まで水軍を進めた。別のチャンパー軍隊は陸上を進み、長距離を厭《いと》わず進軍した。ジャヤ・インドラヴァルマン四世は、どうも反王派のクメール人の地方勢力と共同作戦をとっていたらしい。アンコール都城は陥落し、カンボジア王位簒奪者、トリブヴァナーディティヤヴァルマンもこの戦闘で死亡した。

第八章
偉大な建寺王ジャヤヴァルマン七世

もっとも輝かしい偉大な王

第二一代王として即位したのは、ジャヤヴァルマン七世（一一八一～一二一八年頃）である。アンコール王朝がもっとも繁栄したのは、この王の時代、一二世紀末頃から一三世紀の初め一〇年にかけての約二五年間ぐらいと言われている。ジャヤヴァルマン七世が造営したアンコール・トム都城は、対チャンパー防衛戦のため、高い八メートルの外敵防衛壁と、さらに幅一〇〇メートルの外敵濠、それに堅牢な五城門などを備えた城廓都城であった。

王が関与した主な建築物を挙げていくと、最大の都城アンコール・トムと国家鎮護寺院バイヨン、王の僧院タ・プローム、仏教大学プリヤ・カーン、仏教僧院バンテアイ・クデイなどがある。加えて、アンコール地方だけでなく、アンコールから北西へ約一六五キロのバンテアイ・チュマー寺院と地方都城、アンコールから南東約一七五キロのコンポン・スヴァイの大プリヤ・カーン寺院と地方都城など、多くの寺院が次々と建立された。さらに各地方へ通じる盛土版築王道を整備し、延長し、大小の石造橋梁を五四か所にわたり整備した。ジャヤヴァルマン七世王は、「すべての道は、アンコールへ」を実現した、アンコール王朝の中でもっとも輝かしい偉大な王として評価されている。

瞑想にひたるジャヤヴァルマン七世の頭部像（プノンペン国立博物館蔵（©Bridgeman Images/amanaimages）。

ジャヤヴァルマン七世（王位就任前）は、一八代王スールヤヴァルマン二世が逝去した一一五〇年頃から、登位する時節の到来を待っていた。ジャヤヴァルマン七世は王族の一人として、カンボジアを後にして、チャンパーへ遠征軍を率いて戦闘の最中であった。王はチャンパーの地で父ダラニンドラヴァルマン二世の死と、ヤショヴァルマン二世の即位（一一五〇年頃）を知ったのであった。さらに一一六五年にチャンパー王トリブヴァナーディティヤヴァルマンのアンコール都城の占拠を知ったのであった。

碑文はその政治的背景を述べている。「王は急いでヤショヴァルマン二世を救うために帰国しようとした。しかし、ヤショヴァルマン二世は王位とその命を簒奪者に奪われてしまった。王はこうした混乱の祖国を救うために国内の某所（大プリア・カーン地方——かその出撃地）に留まり、一二年間にわたり待機していた。そしてチャム人王位簒奪者の逝去、チャンパー国のジャヤ・インドラヴァルマン四世のアンコール都城の再攻略と占領を伝え聞くと、すぐさま軍隊を率いて再びアンコールへ戻ってきたが、さらに苦節四年の待機が必要であった。」

一一八一年のトンレサープ湖上における決戦では、勇壮な場面がバイヨン寺院の外回廊南面の薄肉浮彫りの大半を使って描かれている（口絵参照）。チャンパー軍は陸路と河川路の二方面から進軍してきた。最後の主戦場は王宮で、王宮は現在のプリヤ・カーン寺院のところにあったらしい。碑文は、この場所が血の海であったと述懐している。チャンパー王ジャヤ・インドラヴァルマン四世は、ここで命を落としたと思われる。

この対チャンパー戦の勝利で、ジャヤヴァルマン七世は旧都城のヤショダラプラ都城とその近隣を回復したが、カンボジア全土を手にした訳ではなかった。その後も国内の反対勢力に対する遠征が続いた。碑文には、ジャヤヴァルマン七世について「数多くの日傘の陰にあった」という暗喩が掲げられている。日傘の陰の地方とは王の権威が及ばない地域のことであり、国内を再統一せねばならなかったことを示している。国内平定のための出兵がおそらく断続的に続いていたと思われる。実際には一一八一年に即位はしたが、その後もすぐアンコールから遠くないところで反乱が起きていた。

チャンパー王国出身の王子

スールヤヴァルマン二世時代（一一一三〜一一五〇年頃）末期ころからヤショヴァルマン二世時代（一一五〇頃〜一一六五年）に国内はいくつもの地域に分裂し、各地では小王たちが割拠していた。ジャヤヴァルマン七世王の父王ダラニンドラヴァルマン二世は、当時の独立した小王国の王であった可能性が高い。血筋からいえば、スールヤヴァルマン二世の母親の弟の息子であった。ジャヤヴァルマン七世の母親チューダーマニは、一五代王ハルシャヴァルマン三世（一〇六六〜一〇八〇年）の娘であったという。ハルシャヴァルマン三世は、もともとは独立した小王国の王だったらしい。その王の支配地の中心は、アンコールから北西へ一五〇キロほどのバンテアイ・チュマー地方だったと考えられる。

ジャヤヴァルマン七世は、実際の政治面では支配地の拡大につとめていた。とりわけ「施療院」（アーロギャーシャーラ＝病人の家）を一〇二か所にわたり建設（タ・プローム碑文、一一八六年）して、地方の拠点をつくる足がかりとした。王は加えて宿駅の「灯明の家」を一二一か所に設置し、広大な国土を掌握すると共に中央集権を実現した（プリヤ・カーン碑文、一一九一年）。

ジャヤヴァルマン七世には好戦的な側面もあった。王は即位するまでに数限りない地方遠征を指揮してきた。即位後も国内の政治安定を維持するために、地方の反乱鎮圧に頻繁に出かけていた。チャム語の碑文によると、現在のバッドンボーン地方と思われるマルヤン地方では何度も反乱が起こり、王はその制圧のため若いチャンパーの王子ウィディヤーナンダナを隊長とした部隊を派遣した。この王子は幼年期からアンコール宮廷内で小姓として仕え、聡明であり、ジャヤヴァルマン七世に忠誠を誓っていたという。王が反乱征討をチャム人の王子に命じたことは、クメール人将軍たちよりも王子のほうが王の信頼が篤かったことを示している。その上、この一連の征討の勝利の後、王はその王子に「ユヴァラージャ」つまり「王位継承権をもつ王子」という大変高位の肩書を与えていたのである。

王の支配地域については、一一九一年の碑文に、日常の浄めの水について、「(王師の長の)スールヤバッタなどのバラモンたちによって、またヤヴァナ人の王(大越の李高宗、一一七五〜一二〇一年)によって、さらにチャム人の二人の王によって」供された聖水を使っていたと言及されている。この聖水の件は南宋の趙汝适《ちょうじょかつ》の著した『諸蕃志』(全二巻)および『嶺外代答』でも言及されている。

寺格が最も高い僧院タ・プローム

ジャヤヴァルマン七世のアンコール都城における最初の大建築はタ・プローム寺院の造営であった。境内は東西一キロ、南北〇・六キロのラテライト製の周壁に囲まれ、三重の回廊に仕切られた祖寺型寺院である。この寺院の主神は「プラージュニャパーラミター」(般若波羅蜜多)で、ジャヤヴァルマン七世の母親を模した立像を仏師に造らせ、一一八六年に安置したという。

中央祠堂に設けられた穴。石組みの圧力を逃がす一つの仕組みであったという仮説がある。

密林の樹木ガジュマルの根がタ・プローム僧院の屋根に重なり、崩壊を防いでいる。

この主神を中心に、境内の中小の祠堂には二六〇あまりの神仏が祀られたという。創建時は「ラージャヴィハーラ（王の僧院）」と呼ばれた。その後ヒンドゥー教寺院となり、その名称もタ・プローム（「梵語の古老」の意）に変えられた。
　この寺院は、国内一〇二か所の施療院へ王が寄進する薬石を含め、配布する生活必需品の倉庫であり、集配場を兼ねていた。ここから二頭立ての牛車に積み込まれ、各地へ運びだされたのであった。そのタ・プローム寺院は密林に埋もれたままに一八六〇年に発見された。この寺院は放棄されてから人手も入らず、長年にわたり自然の猛威の前に放置されてきたのであった。境内では密林の大樹木が跋扈《ばっこ》し、祠堂や回廊の上に樹木が乗りかかり、寺院は悲鳴をあげているように見えるのであった。観光客たちはその圧巻な自然の猛威のドラマを目にして、驚愕し、敬嘆するのである。

仏教大学のプリヤ・カーン寺院

プリヤ・カーン寺院は、前王の旧王宮跡地に建てられたという。そこはチャンパー軍との戦いの主戦場となった場所である。この寺院は僧院であると同時に、僧侶養成の機関でもあった。大乗仏教の高僧、僧侶、それに見習い僧侶を大勢収容し、修練と教育の場所でもあった。ここでは一〇〇〇人以上の仏僧がいたことがわかっている。そして境内には数百に及ぶ中小の神仏を安置し、その神仏それぞれに仕える人たちがいたという。碑文によれば、この寺院には、ここで修行する僧侶をはじめとする多くの神仏関係者に食糧を供給するため、特別の付属荘園村があり、世話をする寺男と寺女（奴隷身分）が仕えており、総勢九万七八四〇人がいたという。僧侶および使用人の、一人あたり一日分の籾米の配給が六五〇グラムであったという。

プリヤ・カーン寺院の境内は特に複雑な大小の伽藍の配置となっている。ここはまさに万神殿（パンテオン）よろしく仏教とヒンドゥー教のたくさんの神仏が併祀されていた。土地の守護精霊も安置されていた。王はそれぞれ特定の神仏を篤信する人たちのためにこうした特別の祠堂を建設し、多くの参詣者が出入りしていたという。

僧侶養成の寺院プリヤ・カーンの経蔵跡。2階建ては珍しい。

中央本殿には主神仏「観世音菩薩」（ボディサットヴァ・ロケシュヴァラ）が、ジャヤヴァルマン七世の父親を模した彫像の形で一一九一年に安置されたという。中央本殿の西側にはアンコール・ワットと同様のヴィシュヌ神の祠堂があったという。中央本殿の北側にはシヴァ神の祠堂があり、全部で四〇か所に神々が祀られていた。さらにこの本殿の外周壁内には、それほど重要でない第二線級の神仏も四二体祀られていたという。

アンコール時代の諸王は「世界の万神の守護者」であり、神仏の化身と考えられていた。王は人々の保護者であると同時に法（ダルマ）を護持し、悪人や罪人から国や財産を守り、その命令に違反した者は王の刑杖（ダンダ）によって処罰するという。また、王は人々に食糧を与え、経済的な利益をもたらすことを約束していた。

ジャヤタターカ（貯水池）にある人口の島ニャック・ポアン。1辺70メートルの大池と4つの小池から構成される。

ジャヤタターカとニャック・ポアン

ジャヤヴァルマン七世は、プリヤ・カーン寺院の東側にかなり大きな貯水池「ジャヤタターカ」（長さ三・五キロ、幅九〇〇メートル）を造営した。その中央に、一辺三五〇メートル四方の人工の島と池がある。これは現在、「絡み合う蛇」を意味する、「ニャック・ポアン」の名で知られている。この名は、中央祠堂の基礎部分に巻きついている二匹の蛇に由来している。そして、東側にある像は有名な「本生譚」（ジャータカ）に載っている、「鬼ヶ島に流れ着いた漁師」を救出にきた神馬バラーハとその脚にぶら下がる人々である。ジャヤタターカの東側

ニャック・ポアンにある等身大の神馬バラーハの足にしがみつく人たち。神馬バラーハ（観音菩薩の化身）が、鬼が島から難破船の旅人を救出する実物大の彫刻『本生譚』（ジャータカ記載）。

タ・ソム寺院の四面仏尊顔。西塔門入口の四面仏尊顔は、熱帯の植物がからみつき、遺跡の醍醐味を見せてくれる。

にはタ・ソム寺院が建立されており、西塔門の四面仏尊顔が美顔仏として有名である。

　バンテアイ・クデイ寺院が建つ地は、ラージェンドラヴァルマン王治下（九四四〜九六八年）、お抱えの建築家で高官のカヴィンドラーリマタヤが建てた古い仏教寺院「クティの堀」があったところであると言われており、現在の新しい六祠堂にもその古い建材が再利用されている。当初の寺院はやがて僧院として増拡された。ジャヤヴァルマン七世がこの寺院の東側に位置していたスラ・スラン貯水池を整備した故に、この貯水池は、「王の沐浴場」と言われるようになった。

対チャンパー軍防衛の城郭都城アンコール・トム

アンコール・トムはジャヤヴァルマン七世が一二世紀末から一三世紀初めにかけて造営した大都城である。この都城は完全な正方形ではない。北側は、三〇九六メートル、南、東、西側は、それぞれ三〇七〇、三〇三一、三〇三六メートルである。周囲に巡らされた城壁は、接着剤を用いず、高さ八メートルの石材ブロックで壁を積み上げている。

東西と南北に走る城壁それぞれに城門（大門と呼称）があり、さらに第五の城門として、王宮と東バライを結ぶ基軸上に「勝利の門」が設置されている。この城門はジャヤヴァルマン七世がアンコール・トム都城を造営する以前から存在していた旧都大路の一つであり、それがそのまま残され新都城内へ組み込まれたものである。分厚い木造の城扉は朝晩に開閉されたという。一六世紀にポルトガル領インドのゴアに住んでいたポルトガル人コートは、旧都アンコール・トムについて詳しい記録を執筆し、この「王宮」に通じる第五番目の勝利の城門を、東西南北の四つの城門と併せて紹介している。

また、フランス極東学院の考古学者ジャック・ゴシエ博士が一九九二年に発表した都城についての「ヤショダラプラ考古発掘」報告では次のように書かれている。

「都城内では、通りに面してたくさんの家宅が雑然とびっしりならび、大通りに面して王宮の入口、そのうしろに後宮家宅がいくつかあり、女官の詰所、召使いの掘立小屋などが並んでいた。幾筋もの通りに面して高床式の高官たちの家宅が雑然と立ち並び、雑居状態で

アンコール・トム都城大門前。入口手前両側に神々と阿修羅の像が並び、ナーガ（蛇神）を綱に引き合っている。

あった。近くには牛・馬小屋、馴象の大きな小屋、戦闘道具の置場が続き、一〇〇台以上ならんだ防御壁付の弩器《どき》車もならんでいた。城内には大小の貯水池が三か所、どの家にも家の外には、煮炊きをするカマドがあり、煙がたちのぼっていた。子供の泣き声なども聞こえ、雑然とした喧騒の都城内であった。城門は朝開けられ、夜閉じられていた。奴隷や山岳民は入城できなかった。」

大門に入るには幅一〇〇メートルの環濠にかかった陸橋を渡る。橋の両側には七つ頭のナーガ（蛇神）で綱引きをする五四体の巨像がそれぞれ立ち並び、それは神々の一列と阿修羅の一列が蛇の胴体を抱え対峙している。これはクメール人が好きなインド神話「乳海攪拌」（アンコール・ワットの第一回廊東面南側浮彫りと同じもの）を立体的に表現した彫刻である。

大門の高さは二三メートル、その上部には四面の菩薩の尊顔が蓮の王冠の髪飾りをつけ、東西南北をにらんでいる。城門入口の幅は四メートルあり、王が乗った馴象が通れる幅である。城門の上のところには左右に三頭の象の上にインドラ神が乗り、門衛神の役割を果たしている。

アンコール・トムは従来からのカンボジア的宇宙観を踏襲した宗教都城であり、神々の都城を模すことで王権の神格化を図っている。

このアンコール・トム新都城の造営にあたっては、城内に残っていたすべての寺院や建物を新しく建設したのではなく、既に存在していた旧寺院をそのままに残していた。例えば一〇世紀末のピミアナカス、南北プラサート・クレアン、一〇六〇年頃のパプーオン、一二世紀前半のプリヤ・ピトウ、僧院のテップ・プラナム、仏教寺院のプリヤ・パリライなどはそのまま現在も残っている。城内の北西隅にあった王宮も、以前からあった木造の楼閣を増築して使用していたようである。王宮を二重に取り囲む約一〇メートルの高い防護壁は、チャンパー軍から防衛する目的で新しく建設された。

新たに建築された寺院は、中心寺院のバイヨン、象のテラスとライ王のテラス、プラサート・スール・プラットなどであった。

バイヨン寺院の井戸から発見された仏像。ご本尊であった。

バイヨン寺院は万神殿（パンテオン）

アンコール・トム都城の中心部には、国家鎮護寺院バイヨンがおびただしい数の仏面塔尊顔を掲げ、そびえ建っている。この寺院は発見当初から、シヴァ神の寺院であるとか、ブラフマー神の寺院であるとか、また仏教寺院であるとか、いろいろな説が取り沙汰されてきた。しかし、バイヨンは一種の万神殿（パンテオン）である。国内のすべての地方の守護精霊三三がバイヨンに

ジャヤヴァルマン8世治下にバイヨン寺院内にヒンドゥー教のリシ（苦行僧）が線刻された。

バイヨン寺院が仏教も奉じていたことを示す床下に隠されたロケシュバラ（観世音菩薩）浮彫り。

招来され、礼拝されていた。中央祠堂には本尊の仏陀が奉納され、鎮座していた。

しかし、このバイヨン寺院は、二三代王ジャヤヴァルマン八世の治世下（一二四三〜一二九五年）においてはヒンドゥー教寺院に改造され、ご本尊の仏陀像は壊され、井戸に投げ込まれていた。仏陀像は、一九三三年にフランス人建築家トルゥーベにより発見され、修復されて、現在では王宮前広場の裏側近くのテラス上に特別に再安置されている。

そして、バイヨン中央祠堂正面張り出し部の祠堂には、ジャヤヴァルマン七世の有名な瞑想像が安置されていた。現在はギメ東洋博物館に展示されている。中央本殿の南側の小室とその南にある祠堂には、先王たちが祀られていた。中央本殿の西側には、ヴィシュヌ神がハリヴァルメシュヴァラの名前で称えられている。北側にはシヴァ神の祠堂があったに違いないが、彫像も碑文もまったく残っていない。

バイヨン寺院に陶酔する

バイヨン寺院は、大乗仏教様式に建立されたが、雰囲気としては仏教建築の典型である「ストゥーパ」とクメール建築で馴染みの「プラサート」の混合した様式を感じさせる。

バイヨン寺院の一つの欠点を指摘するなら、建築構造的に無理をしたために崩れ落ちた回廊の屋根がある。建築技術的にはどうもいただけない。それに加えて設計は雑然としてまとまりがない。しかしながら逆に雑然とした中にも得体の知れない神秘性がかもしだされ、私たちを惹き付ける。とりわけその祠堂上部に取り付けられた大きな四面仏尊顔は特に美顔であり、非日常的な迫力がある。無秩序のように見える外観風景ではあるが、東西南北の基軸線に沿って建立されている。

薄暗くでこぼこした内回廊を歩き、狭い階段を上ると、広いテラスに出る。そこには別世界が広がる。四面仏尊顔が高く低く建ち並び、尊顔を目の前にして、言うに言われぬ感動を覚える。満月の光を浴びた尊顔は、まさしく神秘的な光景である。また松明《たいまつ》の灯りの下で見ても、霊気が醸し出され、素晴らしいものである。この寺院は一種の陶酔感を与えてくれる。それに加えて、雨季には雨水が顔面を濡らすその光景は、「すすり泣くバイヨン」といわれる。

バイヨン寺院の複雑さと明瞭さ

バイヨン寺院には、複雑さの中に明快さ、混迷の中に一筋の光明などが感じられる。バイヨン寺院ではいろいろな特徴が挙げられるが、第一には、全体として十字型になっていて、それに加えて中央本殿が高く階層を積み上げている。第二の特徴は、山岳を模した中央本殿の基礎構造部分も十字型であり、外側にはみ出しながら内回廊に続く。これもバイヨン寺院の内的風景の特異性であろう。第三の特徴は、東西南北が明確であることである。ほかの寺院では階段と塔門が東西南北の基軸を示しているが、バイヨン寺院では四面仏尊顔がこの四方角をはっきり指し示している。第四には、内回廊の塔堂が基軸と重なり、さらに方向指示を強調している。第五に、内回廊と外回廊の間をつなぐ「渡り廊下」が完全に取り壊され、はっきりとかつての改修工事跡がわかり、大きな設計変更があったと思われる。

バイヨン寺院はアンコール・トム都城の国家鎮護の寺院であり、一辺約三キロの都城の外壁は、宇宙観に立脚した一種の囲い壁と見なすべきであろう。バイヨン寺院はその外壁の幾何学的な中心部に位置する。寺院は回廊と塔堂と高塔の集合体であるが、全体として長さ一六〇メートル、幅一四〇メートルの方形である。その正面東側にテラス状の参道が続き、全体の形状で言えばテニスのラケットのような形を成している。

複雑な配置と構成

来訪者は東側のT字型テラスから入り、外回廊の壁面浮彫りを鑑賞する。そこには前述の通りジャヤヴァルマン七世の戦闘場面や当時の日常生活の場面を描いた深彫りの浮彫りが展開している。外回廊壁面には開口部があって、かつては「渡り廊下」に通じていた。

外回廊の東西南北の壁面に一つずつ、計四か所の開口部があったことから、この「渡り廊下」によって外回廊と内回廊との間の空間は、一六か所の小さな中庭に仕切られていたことがわかる。外回廊内の中庭には、北東と南東に二つの経蔵がある。経蔵は東と西に入口をもち、高い基礎土台の上にそびえ立つ。

バイヨン寺院がなぜこのように複雑な配置と構成になったかについては、諸説がある。第一に、工事中に突然の変更があった（美術史家のパルマンティエ説および建築家のデュマルセイ説）、第二に、円形の中央本殿の積み上げ工事中に、構造力学上の欠陥が判明し、急遽変更を余儀なくされた（考古学者のジャック・ゴシエ説）などの説がある。こうした設計の変更がどうして起こったのか、一つの謎でもある。学術的な裏付けはできていない。

内回廊は外回廊の中庭面から平均一・三メートル高くなっている。内回廊の四隅には角隅塔がある。その上部には四面仏尊顔が大きく彫り込まれており、これもなかなかのアイデアであり、圧巻そのものである。

中央の上部テラスは、外回廊から四・五メートルの高さで中央本殿を囲むように円形状に造られている。来訪者はこのテラスの上から、来訪者はすぐ眼の前にこの大仏尊顔を見ることができ、その迫力には圧倒される。これまでに類例を見ない四面仏尊顔でもある。尊顔のモデルはカンボジア人その人たちである。さらにジャヤヴァルマン七世が帰依していた観世音菩薩の穏やかな微笑に安らぎを覚える。四方を向いたこれら仏尊顔は、王の慈悲と支配が全世界に及んでいることを意味していた。

中央本殿は四五メートルの高さがあり、かつては頂上部まで仏尊顔が設置されていた。これら仏面塔は全部で四九個あり、合計で二〇〇あまりの観世音菩薩尊顔がここかしこに見られる。この中央本殿とバイヨン寺院全体は、カンボジア的宇宙観そのものであり、同時に篤い信仰を象徴している。

この四面仏尊顔が上部の塔堂に掲げられた仏塔は約一五〇キロ離れた大プリア・カーン寺院にもある。さらに、同じ四面仏尊顔塔は約一七〇キロ北方のバンテアイ・チュマー寺院にも見られる。二か所の仏塔上の尊顔は両地方の仏師により安置されたようであるが、それぞれの地方の美的感覚が反映されていて比較してみるとなかなか興味深い。

隆盛を物語る二つのテラス

ジャヤヴァルマン七世は、ピミアナカス寺院の西側に在ったスールヤヴァルマン一世とその後継者たちが使っていたかつての旧王宮（木造）に腰を落ち着けていたようである。そして王宮内

象のテラス。この上には木造の大楼閣が高くそびえ、その階上から軍隊の閲兵式も観覧できた。

ライ王のテラスに安置された「閻魔大王夜摩天」坐像。三島由紀夫が戯曲の題材に採り上げた。

の区画を整備し、アンコール朝の隆盛ぶりを見せるための新しい改修工事を実施した。

まず、三〇〇メートルに及ぶ現在の「象のテラス」を造成した。当時このテラスの上には木造の大屋根をもつ楼閣や大きな建物があったらしく、王はこの建物の上部から王宮前を通る牛車や村人たちを眺めていたかもしれない。ときには王宮前広場に向けて勝利の門から入ってくる凱旋軍部隊を迎えていたかもしれない。さらに周達観は、このテラスのことを『真臘風土記』の中で、「回廊（テラス）は複道（二階建ての廊下）で高くそびえている。（中略）その莅《り》事《じ》する処（王が政治を見る場所）には金窓があり、その窓格子の左右に、四角い柱の上に鏡がある」と述べている。

象のテラスの北側には「ライ王のテラス」がある。その名前は伝説の王ジャヤヴァルマン七世に由来し、現在も村人たちは、テラスの上に置かれた片膝足を立てたこの彫像が、今でもライ王だと信じ、灯明と供物、花が捧げられている。

三島由紀夫の戯曲とライ王のテラス

一九六五年一〇月、三島は出版社の社員と共にタイのバンコックからカンボジアのシェムリアップ空港に着いた。彼は最初にアンコール・ワットなど、往時の巨大石造伽藍群を見て廻った。灼熱の太陽の下、アンコール・トム都城の中心に在るバイヨン寺院には、四面仏尊顔が高く低く立ち並んでいた。三島はそこから北城門へ通じる当時の都大路を歩いたようである。この都大路の東側には、王宮前広場が広がっていた。大路をはさんで西側にはバプーオン寺院の参道入口があり、その隣に旧王宮だったピミアナカス寺院がそびえていた。そして、都大路に面して、五メートルほどの高さの「王のテラス」、「象のテラス」が続き、そして、その次に「ライ王のテラス」がある。その距離は約二五〇メートルほどである。

三島由紀夫は日本を代表する小説家であり、劇作家である。作品の『癩《らい》王のテラス』は三島の最後の戯曲である。三島はアンコール・トムの王宮跡を実踏し、実在したジャヤヴァルマン七世を主人公に、史実にフィクションを加えた壮大な王朝物語を戯曲として描いたのである。

戯曲の初演は一九六九年で、北大路欣也、岸田今日子らが演じ、帝国劇場で幕を開けた。最近では、宮本亜門氏の演出する「ライ王のテラス」が、二〇一六年三月に赤坂ACTシアターで上演された。アンコール王朝の最盛期を創り出した英傑ジャヤヴァルマン七世が、やがて病魔に侵され、運命の悲劇に見舞われ、王国の行方を見届けながら逝去するというストーリーである。三島は戯曲のあとがきの中で、「この芝居は癩病（ハンセン病）の芝居ではなくて『絶対病』（絶対の愛と絶対の信仰）の芝居なのである」（カッコ内引用者注）と述べている。

ちょうど舞台となった一二世紀は、日本では中尊寺金色堂が建立され（一一二四年）、源頼朝が征夷大将軍となった時代である。

「ライ王のテラス」物語

「ライ王」坐像は、宗教美術上では異彩の神像「閻魔大王夜摩天」（欲界六天の第三の夜摩天が仏教に取り入れられ閻魔大王になった）である。坐像の高さは一五三センチで、素材は砂岩、制作は一二世紀から一三世紀、台座ごとの丸彫りで、インド風の口ひげを生やし、上半身が裸で荘厳具も付けず、正面から見ると身体つきは男性であり、その背面は女性像といわれる。細くびれたウエストや丸みを帯びた臀部など、とても官能的な坐像である。現地にある、この坐像はレプリカで、三代目の彫像である。本物は文化財保護の観点からプノンペン国立博物館に移されている。しかし、今も近隣の村人たちがこの坐像を篤信し、季節により黄色の衣を着せ、灯明をあげ、いつも供物が供えられている。

ライ王の坐像については諸説ある。アンコール時代にここに大寺院が在って、その寺院のご本尊がこの坐像であったという説、一一七七年のチャンパー軍の来寇で寺院が焼き討ちにあった時に、ご本尊だけが村人によって外に運び出され、このテラスに安置されたという説などである。

また、「ライ王のテラス」の伝説を物語る浮彫り絵図が、バイヨン寺院第二回廊（内回廊）東面小室内の壁面に彫られている。その絵図には王が狩りに出かけ、密林の中で大蛇（ナーガ）と出会い、蛇の胴体で締め付けられ、もがき苦しんでいる場面がとてもリアルに描出されている。これに対して王は太刀で大蛇を切りつけ、その時大蛇から紫色の返り血を浴び、それが原因で発病したという。病魔に侵された王は介護人の従者に手足を揉ませ、カンボジア流のマッサージをさせている。連続した絵図面には、侍女の膝に足を乗せ、死の床に伏した王の姿も描かれている。すぐ傍らでは苦行僧が懸命に本復の祈禱を続けている。

アンコール・トムの王宮は一二五〇年代から一四三一年頃まで数回にわたり、前期アユタヤ朝のシャム軍から猛攻撃を受け、最後は戦火で燃え落ち、灰燼に帰したのである。現在、王宮内を歩いていると、焼けただれた瓦の小片が落ちている。王宮と後宮は猛火につつまれ焼け落ちたという。

「灯明の家」と森林の産物

私は一九九〇年代に、タイ東北部のプラサット・ムアンタム遺跡の近くに在る施療院跡地を調査した。密林が密生したうす暗いところに、石造りの小祠堂が建っていた。ジャヤヴァルマン七世が設置した一〇二か所の施療院の一つであった。

これまで施療院に言及した論文では、王の仏教思想にもとづく慈悲の成果であると断定してきた。施療院は薬石を処方し、病気の村人を治療するためのものであるといわれてきた。カンボジアでは近隣の森や密林の中から薬効のある植物を使用していた。メコン川やチャオプラヤー川の流域、近隣の森林の産物の中から伝統的に使われてきた漢方の薬石を選び出していた。この施療院もしくは王の意を受けた担当者が森林の産物が届くところで待ち、漢方薬になる薬石を選び出す作業もあったと思われる。近隣の中小河川で採れる薬石探しも行われていた。だから碑文を点検すると、まずごま（K.51）が七世紀の碑文に挙げられ、胡椒（K.258とK.207）も一〇世紀の碑文に記載されている。ほかに白檀（K.451）が七世紀の碑文に挙げられ、美肌のガランガル（ショウガ科の植物の根茎。K.430）や檳榔子染（ヤシ科の植物ビンロウの種で染めたものに使用。K.454）が出てくる。

こうした森林の産物は碑文史料に記載されており、施療院の薬石は当時の村人や実務高官などの大きな関心事でもあった。中小河川の船着場の市場ではそうした森林の産物を物々交換する場があったと推定される。

施療院の薬石を収集するなかで、高額での取引となる香辛料が密かに集められていた。インド人商人はそれを知っていて、現地人に収集を依頼し、インドに持ち出していたと思われる。薬石収集はもう一方で高価な香辛料集めでもあった。

私は、かつてベトナム人の親友と、沈香《じんこう》を探しにホイアンからチョンソン山脈内に入ったことがあった。高い樹上から「山蛭《ひる》」が降ってくるところを通り、うっそうたる密林に分け入った。かつて沈香はチャム人がお線香として使用していたという。友人は私に、場所については他言無用との条件をつけてきた。このことからも、アンコール時代には高価であったであろう。森林産物の収集は信憑性が認められ、それが一六世紀の香辛料貿易につながったのである。

プリヤ・カーン碑文（K.908　一一九一年）によると、「ダルマシャーラー」（仏法の家）が国内の幹線道に沿って一二一か所に設置されたという。この別名は「灯明の家」であり、砂岩造りの小祠堂が現在も残っている。その棟続きにはいくつかの木造家屋が建っていたらしい。この石造の小祠堂内と木造の家屋がつながって建てられていた。その小祠堂の内部でどのような儀式が執り行なわれていたのかはっきりわからない。碑文によると聖火を灯すことはアンコール時代の寺院では重要な儀式であり、そのために番人が配属されていたという。

碑文を考察してみると必ずしもジャヤヴァルマン七世治下だけではなく、スールヤヴァルマン

大プリヤ・カーン城内に残る灯明の家の建物跡。

一世時代（一〇〇二〜一〇五〇年）にもその存在が指摘されていた。この灯明の家が設置された最北の地はスコータイ都の近くであった。灯明の家の地理的な配置を調べてみると、国内の北部山脈地方から東北タイ（イサーン）に多く見られる。なぜ南部地方では少数なのかはわからないが、碑文の考察からやはり森林の産物の有無がそこに関係していたと思われる。

一つの事例として、スコータイ地方にはたくさんのクメール人が在住していたことが確認されているが、彼らはチャオプラヤー川流域の上流から届く森林の産物のいくつかをシャム人を使って収集し、アンコール都城へ届けていたのではないかという仮説がある。これら森林の産物はアンコール近隣では見つからず、クメール人たちはスコータイまで出かけて入手していた。

最近のもう一つの別の説は、野生の「漆」の原料を入手するためクメール人がスコータイ地方まで出かけ、住み込んでいたということが、やはり碑文から確認できる。

ローマ帝国のように、アンコールでは幹線道や石橋が整備され、地方に反乱があっても軍隊がすぐに鎮圧に向かうことができた。またそれらの道路は、平時は名刹巡拝や生活道路として使用され、さまざまな物品が行き交い、王国の繁栄を支えていた。そして「灯明の家」には、地方出張所的な役割があった。

『真臘風土記』でも灯明の家の存在を確認している。「大路の上にはそこに休息の場所がある。郵亭（宿駅）の類のようで……」と述べている。

施療院の役割

施療院はヤショヴァルマン一世時代からあったようであり、ジャヤヴァルマン七世はこれを再組織化し、機能的に活用したようである。幸いなことにこれら施療院から、その規則を記したと思われるサンスクリット語碑文が二〇か所見つかっている。しかし、綿密な考古発掘が必要である。しかし、これら碑文から、当時の施療院がどのように機能していたかを把握することはできない。本当に病人が加療されたところだったのか、あるいはただ単に薬石を配布する薬局的場所だったのかはわからない。

碑文は祠堂に安置されている守護神に向かって奉納されたものであり、まず祭儀について言及

タ・プローム・ケル遺跡。アンコール都城近くに設置された施療院跡。

する部分が多い。これら碑文によると、呪医《じゅい》仏《ぶつ》（バイシャジュヤグラ）像に対して読経が行なわれたという。薬師如来も拝まれていたかもしれない。神々に向かって王の善行を喚起させようとする施療院であり、さらに王への賛美も綴られている。「皆の身体の痛みは嘆かわしいことゆえ、王の心の痛みとなりし。王を苦しませるは民の苦しみなればなり。王自身の苦しみはさにあらず」と綴っている。この詩句は仏教徒の王としての悲願を達成するための基本方針でもある。

さらに碑文を読んでいくと、施療院には四つの区分があったようである。第一の区分に入るのは、都城の塔門から遠くないところに設置されていた四か所の施療院である。そのうち二つはかなり保存状態がよく、調査することができる。その一つ目はタ・プローム・ケル遺跡で、アンコール・ワットのほぼ南正面にある。二つ目はタ・ケウ寺院近くの「施療院の御堂」である。それらの施療院に従事していた者は約二〇〇名いたというが、その具体的な活動状況は、記載がなくはっきりしない。区分に関する記述がピマイ寺院で発見されたが、その碑文によれば、第三の区分では使用人が九八名働いており、第四の区分では五〇名であったという。この二つの区分は使用人の人数の違いだけであろうか、わからない。

三六種の薬石を処方した王

碑文から判明する史実は、王が病人の介護に関わっており、年に三回、一定量の薬石・薬草を供与していたとのことである。その薬石のリストからはどんな薬かは判明しないが、王が供与していた分量はささやかで、象徴的な意味をもっていたと思われる。王が与えたのは三六種の薬石・薬草に過ぎない。クメール人が知るたくさんの薬石・薬草からすればほんの一部でしかない。

ジャヤヴァルマン七世は父王ダラニンドラヴァルマン二世と同じ熱心な仏教徒であった。ダラニンドラヴァルマン二世の先祖たちはヒンドゥー教の伝統行事を廃し、信仰は「釈迦牟尼の信仰である甘露に法悦を見いだした」という。それはすなわち大乗仏教であり、観世音菩薩に対する帰依であった。しかし、その宮廷内では王師をはじめとするヒンドゥー教の王師たちが依然として宗教儀礼の大きな役割を演じていた。

アンコール・トムの碑文の中で、ある王師が「カンボジアには（古代インドの）ヴェーダ（の研究）に優れた学者がたくさんいることを知って、自分の学識を表明するためにそこへ来た」と述べている。ジャヤヴァルマン七世はこのバラモンを諸儀礼の祭儀官に採り立て、ジャヤマハープラダーナの称号を授けた。この王師はジャヤヴァルマン七世の後継王インドラヴァルマン二世と、その次の王ジャヤヴァルマン八世の許でも祭儀官職を続けていた。

ローマ帝国におけるギリシア文化のように、インド文化圏ではサンスクリット語は諸法典の言葉であると同時に高い教養を示す証として重要であった。カンボジアではサンスクリット語は祭式用語であると同時に碑文の用語でもあった。とくに神々への奉納文や祈禱文などはサンスクリット語で書かれ、現場で吟唱されていた。そのサンスクリット語の碑文を読むと、内容的にしっかりとした高いレベルにあることが判明する。アンコール・ワットの浮彫り絵図には、王の前でサンスクリット語で「ヴェーダ」を吟ずる王師職のバラモンが描かれている。

王はジャヤラージャドゥヴィー王妃が逝去したときに、その姉インドラドゥヴィーに第一王妃の称号を与えた。碑文によれば「（彼女の）知識は哲学者たちの知識を凌駕した」という。王はこの王妃を仏教寺院の院長に任命した。ピミアナカス寺院の碑文をサンスクリット語で書いたのはこの王妃であろう。ジャヤヴァルマン七世についての記述は、その碑文から引用されているのである。

ジャヤヴァルマン七世の正確な没年はわからない。一二一八年にはまだ存命していたことは確かであるとされているが、果たして本当だろうか。この年に王は中国の宮廷に使節を派遣している。死後、「マハーパラマサウガタ」の諡号を受けた。

第九章

浮彫りに描出されたアンコール都城の人々

バイヨン寺院の回廊浮彫り

第一～八章までアンコール王朝史の展開を順をおって見てきたが、本章では当時人々はどのように暮らしていたのか、浮彫りに描かれた場面からその実像を見ていきたい。

バイヨン寺院は二重の回廊をもつ。回廊の天井が崩れ落ちたままの外回廊の高さは約一〇メートルあり、その壁面は上下三段に区切られている。上段が遠景、中段が中景、下段が近景を表している。外回廊壁面には主としてチャンパー軍とクメール軍の戦闘場面がとても写実的に描かれている。一一七七年に、アンコール都城はチャンパー軍に占領されたが、一一八一年にクメール軍が奪還した。その時に実際に繰り広げられた攻防戦のありさまが、浮彫りの題材となっている。

第一回廊南面では、ジャヤヴァルマン七世が一一九〇年からチャンパー征討に差し向けたクメール軍の戦闘場面を再現したものである。長槍を振りかざし、丸楯で奮戦しているクメール軍兵士は頭髪が丸刈りで、呪《まじな》いの縒《よ》り合わせた飾り帯を身体に巻き、胸前で交差させ、褌《ふんどし》の前に垂下した布装飾をつけている。カンボジアの民族服の「サムポット」を着用している。

戦闘場面では、戦象の上に櫓《やぐら》や鞍をつけ、甲冑に身を固めた戦士が長槍と丸楯で武装して乗り込み、あるいは半弓を片手に持ち、接近戦もしくは白兵戦に備えている。騎馬軍も長槍を持ち、旗標をはためかせ、「小隊の長」が実戦の指揮をとるため戦馬に跨《また が》り戦場を往復している。

また二頭立ての騎車が、機動力をかわれて戦況報告と作戦遂行の連絡のため戦場を駆け回っている。多くの歩兵は裸体跣足《はだし》で、右手に長槍を取り、左手に丸楯を持った陸上戦の主力であった。この歩兵は方陣を組み、長槍と楯による突撃に威力を発揮し、白兵戦では敵兵を殺傷する強力な精鋭の兵士たちであった。戦場の後方には輜重隊が陣取り、村人たちが徴用されて兵站《へいたん》を担当した。戦象の上で弓を射かける兵士がおり、象頭に跨った指揮官は甲冑に鳥頭冠をつけ、小槍を持って指揮している。

後方を振り返り逃げ惑うチャンパー兵とその戦象軍部隊の戦う様子も描かれ、白兵戦の凄まじさに驚いた戦象が頭を左右に振り、哮《たけ》り狂っている。矢が雨のようにチャンパー兵をめがけてピュー、ピューと飛んでいく。チャンパーの兵士たちは半袖のジャケットに襞のついた半ズボンをはき、錨形布飾りを下げ、頭部には蓮花《れんげ》装飾の兜をかぶり、一枚の頭巾を肩まで垂らしている。劣勢のチャンパー軍は悪戦苦闘し、すでに多くの兵士が傷つき倒れ、横たわっている。退却を始めたチャンパー兵たちに血しぶきが飛び散り、両軍の死闘を描いている。

こうした戦場の混乱と激戦の浮彫り絵図の場面は、躍動感と力強さが溢れ、まさに迫真性をもって写実の極致に近づこうとしており、その構図および描出手法はクメール美術の中でも秀逸で高く評価されている。

壁面浮彫りの水上戦の場面では（口絵参照）、一一八一年のチャンパー水軍の来寇《らいこう》と、それを反撃し追撃するクメール水軍との激戦を史実に沿って描いたものである。硬樹で造られたチャンパーの戦船には、漕ぎ手と漕ぎ手の長、水先案内人、舵手、船の長、それに陸兵の精鋭が乗り組んでいた。

船の舳《へさき》にはガルーダ（神鷲）の人形面が魔除けとして付けられており、船の全長は約二五メートルほどであった。この河川用戦船は、一段櫂座で二六人の漕ぎ手が乗り組み、その速力と機動性が威力を発揮していた。船尾に操船の舵手、船首には船長が立ち、それに一四名の陸兵が槍を振りかざして即戦体勢をとり、そして、一つの戦船には総勢四二人程度が乗り組んでいた。チャンパー水軍は陸上部隊と同じく半袖ジャケットに半ズボンのいでたちで、蓮花の装飾の兜をかぶり、完全武装をしている。水上戦においても陸上の白兵戦と同様の戦闘が行なわれていた。船を敵船近くに漕ぎ寄せ、両船が接触したときに陸兵が敵船に乗り込み、槍と楯を使って襲撃する。また船の舳先につけた衝角《しょうかく》による敵船の破壊も行なわれ、勝敗を決するのであった。チャンパー水軍は壁面に向かって右手から進み、クメール水軍は左手から突進してくる。傷つき倒れた兵士は水中に突き落とされた。まさに動画を見ているようだ。

第一回廊の東面と南面には、村人たちの生活している場面が見られる。クメール軍の後方には、村人たちが兵站部隊として一家総出で随行し、牛車に食糧や米を積みこみ、子供たちも連れ、ブタやヤギを伴って、戦場へ向かって黙々と歩いている。頭の上に荷物を載せて歩く村の女性や、天秤棒で大きな箱をかついで商売をする男性もいる。第一回廊南面下段には、往時の人々の日常生活の場面が描かれ、家宅や市場の様子が細かく描出されている。これは、ジャヤヴァルマン七世によってもたらされた国内の平穏な日常の様子を伝えている絵図である

このように、ジャヤヴァルマン七世が建立したアンコール・トム都城内の国家鎮護寺院バイヨンの回廊壁面には、戦争の場面や往時の農村の日常生活が描かれている。なぜこれらの壁面浮彫りを造ったのであろうか。

ジャヤヴァルマン七世は敬虔な仏教徒であったといい、観世音菩薩に篤く帰依していた。王は観世音菩薩があらゆる危難から人々を救い、病苦を癒し、さらには慈悲深い徳行を行なうことを理想としていた。壁面の浮彫りには、王から神仏へ対して村人たちの加護を願う宗教的な意味があると言われている。また当時は識字率が限りなくゼロに近いため、村人や多くの関係者に具体的なご利益《りやく》を絵図で見せ、仏王として王国内の村人たちに伝達する必要があった。

バイヨン寺院の浮彫りの構図や描出手法および図像表現は、写実的で円熟味に溢れ、心にせまる迫真性があり、躍動的な動画展開となっている。一三世紀のアンコールに住む人々の日常生活と農村風景、王の戦勝を伝える場面などいくつか紹介する。

屋外の炊事場で働く料理人たち

浮彫りに描かれた野外の大宴会の支度。森の中で村人たちが準備のため生き生きと立ち働く様子。

外回廊面では、料理長が頭上の盆に調味料を入れた小さな壺を載せ運ぶ。そして下働きの男たちを指図している。調理台で粉を捏《こ》ねる人、土製の釜で湯炊きにするため米を投げ入れる人。炉の火加減を見ながら大きな土製の釜で、野猪などを釜茹でにする二人の男、その脇では串に草魚を刺し、焼魚をつくる人たち。周達観の報告する『真臘風土記』には、これらの浮彫りの場面を裏付ける報告が載っている。

「（カンボジア人の）家宅には房舎の他に家具や椅子、桶類もなし。ただし飯を炊くのに瓦釜（土製の釜）を用い、羹をつくるのに瓦銚（土製の鍋）を用いる。椰子殻をもって杓となし、飯を盛るのに中国と同じ瓦盤または銅盤を用いている。樹葉を利用して小椀をつくり汁を盛るが、漏れない。菱葉をもって小杓（スプーン）を作り汁を飲み、用い終わればこれを捨てる。錫あるいは土製の器に水を盛り手を洗う。飯は手を用いて食べる。酒を飲むには錫の銚子を使う。貧人は土製の鉢を用い、貴人や金持ちならば銀器皿や金器皿を使う」（周達観『真臘風土記』「器用」）。

こうした台所や食事の様子は、現在もカンボジアの村落でよく見かける光景である。たいていの場合、家宅外の東南の角にかまどがあり、煮炊きが行なわれている。日本で見られるような多くの鍋釜や食器類はなく、数個の鍋と人数分の深皿があるのみである。目につく台所用品といえば、大きな水甕、数個の中小の甕、ペースト状の塩辛や香辛料を入れておく中小の瓶などである。現在は手で食事をする慣行は消え、フォークやスプーンを用いている。私の体験では、遺跡調査のため各地へ出かけて地方の農家で宿泊するが、いただく食事は、基本的には「汁かけ飯」が多い、それに加えてその家の女主人が大きな甕でつくった「プラホック」が供される。プラホックとは小魚の塩辛で、くさやの一〇倍ぐらい強い独特の臭気がある。しかし、村人の常用の健康食である。

市場の活況を描く

外回廊の南面には、多くの人々が行き交う市場の様子が描かれている。子供連れで市場にやって来た女性たち。露台に座り品物を並べて売る女店主は、買い手と活発な舌戦の最中のようだ。子鹿（あるいは子豚）が煮立った湯に入れられ釜茹でにされようとしている。ご飯を炊いている場面もあり、すべてが写実的で、生き生きとした往時の日常生活風景が描かれている。天秤棒を担いで商品を搬入する人々の、真ん中の二人はちょっと変わった頭髪と衣裳から中国人とわかる。婦人を椅子に座らせて手相を見る人もいる。日除けの屋根をかけた店舗で鮮魚を売る女性は、声を嗄《か》らして客を呼び込んでいる。こうした市場での情景をやはり前出の『真臘風土記』「貿易」は次のように伝えている。

「商売はみな婦人の得意とするところで、毎日市場は朝（六時から正午まで）である。きちっとした店舗はなく、莚《むしろ》を地面に敷き、決められた場所で商売をする。またあるところでは官憲に賃地銭を納めているという。小商いには米穀や唐貨（中国の銅貨）を用いるし、中商いには布地を使う。もし大きな取引があれば金銀を用いる。土地の人たちは唐人（中国人）を見れば地に伏して合掌する」。

同じく外回廊南面では石工たちが、森近くの露天掘り石切場から石材を運び出している。第一回廊西面にもやはり動員された石工が働く工事現場が見えている。腹のつき出た棟梁が石工を叱咤している。北面は石積み壁の崩れがひどく、壁面は倒壊してしまったが、かろうじて残る北面西隅には、村のサーカスの場面が見られる。曲芸師が両手で頭の上に子供を乗せ、寝転んで両足で車回しの妙技を披露している。それを見物人が取り巻いている。

これら壁面に描かれた村人たちの日常生活は、現在もその一部分が見られる。例えば、三角形の幌をつけた二頭立ての牛車は、かつては農村の重要な運搬手段であった。森の中で兵站部隊の後方にいる牛車群が、牛車の車体を立て掛け、夕食の準備をしている浮彫りがあるが、こうした

石工たちが砂岩石を切り出す石切場を描いている。

光景は、つい二〇年ほど前に農村で見られたものだった。今日でも農民は、住居から離れた水田で働く時は、二頭立ての牛車で出掛けてゆく。そして田に着くと、牛を近くで放し、牛車を立て掛け、日除けに大きい布をたらして野宿するのである。

浮彫り絵図の中には、ハープ奏者とひょうたん型のバイオリン奏者の小浮彫りや、「輿《こし》に乗る王女さま」の浮彫りがあり、とてもかわいらしく心が安らぐ浮彫り絵図である。

市場に隣り合わせた広場では、村の男たちが闘鶏の賭けに興じている。鶏をけしかける二人の男を大勢の村人が取り囲み、わいわいがやがや言い争っている。この場面はとても臨場感があり、引き込まれる。手の動きや身体を乗り出すような描写は、美術史上で高く評価されている。別の浮彫りでは、大広間に幔幕《まんまく》をめぐらせ、その中で猛々しい闘犬の果たし合いが始まろうとしている。これも圧巻である。闘鶏は、現在でもカンボジアの男たちがもっとも熱狂する村の娯楽である。現代はこれに金銭を賭けて戦わせている。そして闘鶏の飼育は村の男たちの生き甲斐でもある。

トンレサープ湖の漁師たち

第一回廓南面上段には投網を打って魚をとる漁師がいる。トンレサープ湖は、今も世界有数の淡水漁場であり、水深は、季節によって一～一〇メートル、湖周は二八〇キロ、湖岸近くには野生の浮稲《うきいね》も生えている。現在も近隣の農家の人たちは小舟を浮かべて穂刈をしている。ここで獲れた魚は、乾魚・燻製・塩漬・魚醤・魚餅などにして保存され、今も昔も村人たちの貴重な蛋白源である。トンレサープ湖で、船長の指図でヤシ酒を飲んだ漁師が余興として踊りだしている。瓶から何か飲み物を取り出している人、櫂を操る船頭、水中では雷魚のような大きな魚から小さな魚まで、鱗もはっきり描かれている。

メコン川につながっていたトンレサープ湖には、当時多くの中国家船や川船、漁船が来航していた。そうした船に乗り込んだ中国人の漁師たちも描かれている。周達観もそうした事実を伝えている。戦闘の張り詰めた浮彫りが展開する中にあって、浮彫りでは中国人が道化風に描かれ、これらのおどけた仕草の絵図は少しほっとした雰囲気をかもし出している。

さらに『真臘風土記』「舟楫」には造船について言及している。

トンレサープ湖上まできていた大型の中国家船浮彫り。

「巨船は硬樹から板を作る。船大工は鋸を用いず、斧をもって樹を穿ち板を作る。船はまた鉄の釘を打ち、菱葉をもって覆いとする。櫂を使う。船の水漏れを防ぐのに魚油と石灰を用いる……」。

周達観は中国の当時の文人らしく、見聞した事実を探訪記として描き、貝葉史料などが欠落したアンコール王朝の一三世紀末の村の日常生活の様子を伝えている。

王の軍隊に動員された村人たち

アンコール地方では、扇状地形を利用して水利灌漑網による二期作が展開され、この集約農業が王国の経済を支えていた。さらに王の軍隊は近隣との対外戦争により、莫大な戦利物資を得ていた。都城の近隣では王への奉仕税として乾季に動員されたカンボジア人村人たちが建寺作業に加わり、それに川舟でやってきたシャム人、チャム人、モン人、山岳民などが現場で働いていた。彼らは籾米の配給を受け、数年にわたり手伝っていた。ここでは建寺作業員として数万人に及ぶ人的資源が確保されていた。当時の社会では対外戦争の遂行による人材の確保が寺院造営を可能にした。また、当時は「ラージャカールヤ」(王への奉仕税・軍事動員)という名目の賦役制度があった。

この賦役はもともと寺院建立・道路建設・大池掘削などに村人を駆り出す制度であったが、それが何か緊急な事態が発生した場合には村人の動員体制に早変わりし、彼らは王の軍団にすぐ編入されて、武器を持たされて戦場へ向かったのであった。村人たちが動員されていた史実は、『真臘風土記』の「村落」の中で「皆百姓を駆り、戦わしむ」と述べられている。

支配領域が拡大し、各地への軍隊の遠征隊の規模が大きくなるに従って、有効な支配を実現するため、急行できる道路の整備が重要なインフラとなっていた。最初に造られた道路は王都引越しのための盛土版築道路であり、次に名刹の巡拝路の整備となった。ジャヤヴァルマン七世治下では国内各地へ通じる石橋付の道路をつくり、「王道」なる道が整備され、北はスコータイから南はチャンパーまで、必要があればすぐにクメール軍精鋭が出動できるようになっていた。今でいう安全保障を確保するインフラであった。これらすべての道はアンコールへ通じていたのである。

王の武力行使は各地の諸侯を服従させる一つの手段でもあったが、完全に打ち滅ぼすことはしなかった。征服された地方の諸侯は降伏後、その版図や領地を王に差し出し、さらに人質提供、賠償産物の差し出しなど、服従や恭順の意を示し、王の配下で働いていたようであった。対チャンパー戦争は約三〇〇年間にわたり断続的に続いたが、服従させるための武力行使であって、決して皆殺しや殺戮ではなかった。これは、インドの『マヌ法典』の中で述べられている外交戦略の一つの「ダルマヴィジャヤ」(善行)の原理に基づく行動であった。

チャンパーは一三世紀以降ベトナム北部の黎朝にも攻められ、殺戮と皆殺し作戦を受けて、やがて弱体化し、国力を回復できず一四七一年に亡国一歩手前となり、さらに一六九二年には阮朝による攻略をうけ、チャム人は国内少数民族に落ちぶれてしまった。この史実は、インド文化の洗礼を受け、カンボジアなりに解釈したアンコール王朝の基本方針と、中国文化が浸透したベトナムの基本方針が異なっていたことを示している。後者において異分子は殲滅されるべきものであった。戦闘に敗れたチャム人たちはやがてカンボジアへ亡命し、その場所はコンポン・チャム(チャム人の河岸)と名付けられた。五〇〇〇人を超える亡命チャム人の地であった。

隆盛を誇ったアンコール朝は、一四世紀半ばからは、チャオプラヤー川流域のシャム(タイ)人勢力と対決することになる。周達観は『真臘風土記』の中で、西北部方面(現在の西北カンボジア部)で、一二九六年にすでにその前哨戦が起こっていたと述べている。

遠く離れた農村では、「しばしば暹人(シャム人)と交兵したために、ついに(地方の村落は)みな広々とした荒地となるに至った」と述べている。アンコール地方の近隣では攻め込まれていたのであった。同じく周達観はクメールの軍隊のことを「軍馬(の兵士)もまた(一般人と同じく)裸体跣足で、右手に投槍を執り、左手に楯を執る。別にいわゆる弓箭・砲石(石火)・甲冑の類はない。伝聞するに、暹人と互いに攻めるに、みな庶民を追い立てて戦わせる」と述べている。シャム人たちはスコータイ地方において長年にわたりアンコール王朝下で働かされてきたが、徐々に民族の自立の覚醒と民族の共同体の意識をアンコール王朝への出張体験から学び、それが独立行動に移っていったのであった。

第一〇章
すべての道はアンコールへ――ヒトとモノが動いた王道

いままでの章では、アンコール地方を中心に二六代にわたる王たちを通じ、王朝興亡史を見てきた。本章では、その繁栄が周辺地域にどのように広がっていたのか、盛土版築の王道を辿りながら紹介していきたい。

密林に消えた巨大遺跡をつないでいた「王道」

作家で文化大臣を務めたアンドレ・マルローは、一九二三年一二月にアンコール遺跡のバンテアイ・スレイ寺院（一〇世紀）から彫像を盗掘し、逮捕され、その一年後に「歴史的建造物破壊」の罪状で執行猶予付の判決を受けた。その七年後、盗掘体験をもとに小説『王道』（一九三〇年）を発表し、「荒廃するがままに埋もれていく王道」がかつては密林の中を迷路のごとく縦横に通じ、栄えていたと言及している。

アンコール王朝時代（八〇二～一四三一年）の都城と村々の集落が広がっていたカンボジア北西部には、濃密な熱帯の密林が広がり、その中を盛土版築道と一部敷石した王の行幸の道「王道」が東西南北に通じていたという。マルローは小説の中で、アンコールの廃都の密林内には「埋もれた寺々、苔に包まれた石仏、石仏の肩の上に雨蛙が一匹」と酒脱に描写している。マルローはあくまでも小説として「王道」を題材としたのであったが、アンコール遺跡の調査・研究が進むにつれてその「王道」は実在した史実が判明したのであった。

さらに一九九〇年代に入って衛星による探索が可能となり、この「王道」なるものが実在し、実際に機能していたことが判明した。これらすべての王道は地方からアンコール都城へ通じていた。バイヨン寺院の浮彫りに描かれた三角帆をかけた二頭立の牛車が、ゆっくりと王道をアンコールから西へ、そして東へ向かっていた。

バンテアイ・チュマー寺院へ続く王道——アンコールから北西へ約一六四キロ

アンコールから北西部へ向かう幹線道である王道は、アンコールからバンテアイ・チュマー寺院（約一六四キロ）へ参詣し、そして、タ・ムアン・トム峠でダンレック山脈を越えてピマイ寺院までつながり、その街道は約二五〇キロであった。ダンレック山脈を越えて現在のタイ東北部（イサーン）を通り、そしていくつかの小さな名刹寺院に立ち寄りながら、ピマイ寺院へ到着するのであった。その道のりを辿ってみたい。

前出のバンテアイ・チュマー寺院を中心とする地方は、カンボジア北部の拠点都城を兼ねていた。その起源は八世紀末にまでさかのぼるといわれ、最盛期は一二世紀から一三世紀にかけて栄えていた。この寺院は一三世紀初めに、二一代ジャヤヴァルマン七世により建立された平面展開の大仏教寺院である。周囲は約三キロで、幅六五メートルの環濠がある。寺院の東側には一六〇〇×七五〇メートルの大バライ（貯水池）があり、近隣にあわせて中小の八基の祠堂が建ち、一

カンボジアの大地をまっすぐ突き抜ける王道の一つ。

王道を繋ぐ大石橋コンポン・クデイ。戦象軍団や現代の戦車の荷重にも耐えた。

迫り出しアーチの構造がよくわかる石橋スピアン・トマー。橋としての役割は終えた。

大仏教遺跡群を形成していた。

この寺院はアンコール都城のバイヨン寺院と同じ建築様式と装飾美術を受け継ぎ、東西南北の参道にはナーガ（蛇神）の胴体を綱引きするデーヴァ（善神）とアシュラ（阿修羅＝悪神）が並んでいる。入口の十字型テラス、そして高さ二五メートルの塔門の上部には、この地方独特の尊顔をした愛くるしい四面仏が飾られ、バイヨン寺院と同じ四面仏尊顔である。ここでは碑文が一〇個発見されている。

内陣は僧院形式の複雑な配置の祠堂が整然と並ぶ。外回廊には、バイヨン寺院と同じ美術様式の深浮彫りの絵図が展開し、一連の歴史物語が彫り込まれている。とくにチャンパー水軍との戦闘場面や、クメール軍の敗走場面も写実的に描かれている。またこの外回廊には観世音像の浮彫りが鮮明に描かれ、この遺跡に一つしかない「千手観音」である。

往時この地域には約一五万人から二〇万人の人口があり、貯水池跡に実証されるように何らかの方法で水利灌漑網の耕作が行なわれていた。フランス人研究者グロリエ（水利都市研究のグロリエの父親）の試算によれば、この寺院の造営には、当時約二万人からの建寺作業員が近隣から集められ、完成にはおよそ二七年から三〇年かかっていたと試算されている。

バンテアイ・チュマー寺院、二度目の調査から

私は一九六一年に、バンテアイ・チュマーで碑文の採取と浮彫り図像の学術調査をした。そ

れから約四〇年を経て、二〇〇〇年一一月八日午後、カンボジア陸軍のヘリコプターを借用し、シェムリアップ空港を発ち、空路四〇分でバンテアイ・チュマーの遺跡現場に降り立った。空から見た遺跡全体の光景は、まず繁茂した密林地帯が目に入り、よく見ると環濠と一部の回廊が目視できた。バライ跡は干上がっており、その真ん中にメボン寺院が建っていた。そして、すぐ近くにはいくつかの村落があり、陸稲（チョムカー）の稲田が広がっていた。

バンテアイ・チュマー寺院南回廊。

バイヨン寺院と同じ美術様式のバンテアイ・チュマー寺院。祠堂上に四面仏尊顔塔が造営されている。

同寺院の西回廊に残る千手観音の腕。手に乗せた仏陀小像に注目。

遺跡は内戦のため放置されて三〇年余り、何の遺跡保存活動が行なわれないままであった。遺跡の内部に通じる参道は石材ブロックが倒壊し、生い茂る植物に阻まれてすぐには境内へ入ることができなかった。周壁の崩れたところから境内に入り、写真撮影と位置の確認などの調査を開始した。そして、回廊の重要な浮彫りの状態を確認した。

塔門、祠堂、中央本殿、外回廊などの建物はほとんど倒壊し、倒れた石材の上に別の石材が崩落していて見るも無残な状況であった。高さ三五メートルの中央祠堂も完全に崩れ落ち、石材がうずたかく積み上げられていた。「ここが中央祠堂」と手持ちの図面で確認しながら、境内の石材ブロックの上を渡り歩いた。かつてはいくつか建っていた高い塔や祠堂なども、巨大な樹木の下敷きとなり、自然の猛威の前になす術もなく崩れ落ちていた。

さらに、壁龕のデヴァター（女神）の浮彫り尊顔が鋭い刃物でえぐりとられていた。盗掘が行なわれていたのである。この遺跡は一九九三年から王国政府文化芸術省の管轄下において、地域住民の協力を得て遺跡整備が進み、倒壊石材がもとの場所に戻されていた。二〇一五年には外国人観光客が入れるようになった。

バンテアイ・チュマー遺跡から、現在のタイとの国境まで二二キロである。タ・ムアン・トム峠を越えタイとの国境を通過する。国境のなだらかな坂道を降り、タイ領の村落をいくつか通過する。この辺りには、ジャヤヴァルマン七世が設置した、国内一二一か所のダルマシャーラー（灯明の家）（K.908）と呼ばれている宿駅の一つがここにあった。この「灯明の家」の建物は現在五〇か所の所在地が判明している。

宿駅と呼称される灯明の家は、地方の小官吏や村人の事務所であり、休憩所でもある。一二九六年に来訪した中国人周達観は「大路上には休息の場所があり、(中国でいう)郵亭のごとし」と証言している。ピマイ街道のこの宿駅は、もともと幹線道路に沿って設置されており、当時の地方行政と直結していたらしい。

また、その近くには施療院があったという。施療院は国内の重要な地方拠点一〇二か所に設置されていた。現在は三三か所の所在が判明している。

小池ごしにそびえるパノン・ルン寺院の中央祠堂(上智大学調査団提供)。

小高丘上のパノン・ルン寺院
——アンコールから北西へ約一六〇キロ

タイ国領内に入り、さらにピマイ街道を北西へ進むと、最初にパノン・ルン寺院の在る小丘下に至る。パノン・ルン寺院は一七〇メートルほどの小高い丘の頂上に建っている。寺院の入口は東向きで、約三〇〇メートルの石畳の参道を登り、階段を上がると十字型テラスにたどり着く。本殿は方形の回廊(八八×六六メートル)に囲われ、境内にはタイ文化省芸術局が修復した中央祠堂がそびえ建ち、金箔が塗られた往時の豪華なさまを伝えている。碑文にはアンコール・ワットを建立したスールヤヴァルマン二世の名前が掲載されている。

パノン・ルン寺院の小丘を降りると、そこにはバライが往時のまま水を湛え、今も健在である。広大な平野部には村々が点在し、さらに西方面へ行くと、同時代の小型のプラサート・ムアン・タム寺院がある。この寺院は八〇〇メートルの外周壁に囲まれ、東西南北に塔門をもち、院内にはL字型の小池が四つあり、さらに内壁小回廊に囲まれた本殿がある。アンコール・ワットを建立したスールヤヴァルマン二世やその王室に関係した人たちが奉納した寺院である。すぐ側に三×二キロのバライが造られていた。

王道をさらに北西へ進むとピマイ寺院へ辿り着く。ピマイ寺院は、「タイのアンコール・ワット」と呼ばれるほど垢抜けした寺院で、砲弾形の中央祠堂がりりしく、往時の威光を見せている。付近にはサトウヤシ樹林があり、カンボジアと同じ光景の中に尖塔が輝いている。建立年代は一一〇八年頃と言われている。興味深いことは、この寺院からジャヤヴァルマン七世の坐像彫刻（プノンペン国立博物館展示）が発見されたことである。往時このピマイ寺院はアンコール朝の北西領域（現在の東北タイ地方）の中心地であり、この地には王のこの坐像が安置され、礼拝されていたのであろう。興味深い。

天空の大寺院プリヤ・ヴィヘア巡礼――アンコール都城から北へ二二六キロ

ピマイ寺院へ続く王道よりも北東寄りにあるこの王道は、プリヤ・ヴィヘア寺院への参詣の道である。この寺院は、タイとの国境線にあり、その名は「聖なる寺院」を意味する。現在はカンボジア側から四駆のジープで急勾配の坂道を登り、参道の脇に到着できる。標高約六〇〇メートルのダンレック山脈上に建つ寺院で、この寺院の断崖からはるか遠くにトンレサープ湖の湖面がきらきらと輝くのが眺望できる。何よりの特色は、この地形を利用した壮大なプランであり、本殿へ向かう坂道の参道が続く。アンコール・ワットと同じく、西参道が正面入口である。参道入口から本殿まで八五〇メートルの長い石畳の坂道は天空へ登っていく気持を実感できる。

山の中腹に建てられたプリヤ・ヴィヘア寺院。参道からの眺望がよい（上智大学調査団提供）。

碑文から判明する史実は、一〇世紀初めの四代王ヤショヴァルマン一世の治世下で木造の寺院を建立したということである。さらに九代ラージェンドラヴァルマンは石造の祠堂と木造の祠堂を寄進し、一〇代ジャヤヴァルマン五世の治世にも大祠堂と二つの経蔵を建立した。一三代スールヤヴァルマン一世（一〇〇二～一〇五〇年）は、一〇二六年に僧坊や庫《く》裏《り》を含む寺院全体を増拡した。その後一八代スールヤヴァルマン二世の治世に、高官のディヴァーカラが王命により寺院の増築拡大を指揮したという。

プリヤ・ヴィヘア寺院はカンボジア版シヴァ神に捧げられた大寺院である。そしてこの地は、昔から聖地とされており、王位に就いた新王の代理の高官が必ず訪れ、新王即位を神前で告知していた。美術史から考察すると、破風、まぐさ石の浮彫りが見どころである。さらにラ・フー（太陽が月を隠す蝕の神）、ラクシュミー（吉祥天）、四つ頭のブラフマー神などが安置されている。

建築学からの特徴は、回廊で本殿を取り囲むという建築様式に特徴があり、アンコール・ワットの回廊様式へつながったと言われている。そして、本殿の大祠堂は須弥山（メール山）を象徴している。

シャム人（タイ人）たちはアンコール都城まで来ていた

アンコール地方から西へ向かうと、チャオプラヤー川河口デルタの手前にロッブリー（ラヴォ）がある。ロッブリーを北上すればスコータイに至る。ロッブリー地方は、クメール人とシャム人混住の地であり、スールヤヴァルマン一世がこの西方の最前戦基地を開設し、クメール人たちがたくさん居住していた。

さらに、一一九〇年頃ジャヤヴァルマン七世（一一八一～一二一八年頃）が設置した最北の「灯明の家」跡が、スコータイ都城の北六〇キロにある副都城のシーサッチャナーライにおいて見つかっている。クメール人はロッブリーを拠点とし、チャオプラヤー川流域を北上してスコータイ地域にまでその領域を拡げていた。このスコータイ地方はカンボジア人の植民地であり、スールヤヴァルマン一世時代からカンボジア人太守の支配下にあったと思われる。

ここからシャム人との混住地スコータイについての仮説となるが、シャム人は、イラワジ川（現ミャンマー）流域からメコン川近隣までの広範囲にわたり、各地において混住しながら小さなシャム人の拠点を築いてきた。そのなかでもチャオプラヤー川流域の一部のシャム人集団は、陸路と、中小河川の川舟で乗り継ぎながら、一一世紀から一二世紀ころにはアンコール地方まで来ていたと思われる。一部のシャム人はいくつかの寺院建設の現場で建寺作業員として働いていた。碑文にはシャム人の建寺作業員の存在が確認されている（K.908）。同時にモン人やチャム人、山岳少数民族たちが手伝っていた。

こうしたシャム人たちには、バライを使って収穫された籾米が工事現場で支給されていた。タ・プローム碑文に記載されているのと同じ籾米の配給があった。彼らは高床の掘立小屋にハンモックを吊した仮設の住宅に住み、寺院建設や石橋の橋梁の架構、版築道路の造成などの仕事に作業員として長期間にわたって働いていた。また、別のシャム人集団は、王朝の傭兵として雇われ各地に出陣していた。シャム人兵員は数千人に及んでいたかもしれない。第七章で触れたように、スールヤヴァルマン二世（一一一八～一一五〇年頃）は、そのシャム人戦象軍部隊の活躍ぶりを評価し、アンコール・ワットの南回廊浮彫り絵図に掲げたのであった。

こうした建寺現場での交流の結果、シャム人たちはアンコールにおける体験と建築のノウハウを故郷に持ち帰った。ついには出稼ぎのシャム人たちは故郷に戻り、一二二〇年ころからクメール植民地からの独立の運動を開始したのであった。

「シャム人たちの数世紀にわたるアンコール地域への出稼ぎは、民族的覚醒を呼びおこし、アンコール・トム都城建設の時の現場での体験をそのままスコータイに持ち帰り、現地にスコータイ都城を造営したのであった。そして。アンコール・トム都城と同じ「勝利の門」（タイ語の呼称は「精霊の門」）も建設した。アンコール・トム都城と同様に、寺院・環濠・王宮を境内に建設した。シャム人王侯たちは先進のクメール文化を吸収しながら、シャム的な身舎と寺院装飾で飾った。」（吉川利治著『タイ政治史・文化史論集』二〇一二年、一四九頁）

それは、ちょうどジャヤヴァルマン七世が逝去し、クメール人がカンボジアへ引揚げ始めたころであった。スコータイの独立は一二四〇年頃シーイントラティット王が王位に就いた。そして、民族意識を高めた一部のシャム人たちはアユタヤへ戻り、前期アユタヤ朝の結成に向けて活動を始めた。

チャオプラヤー川デルタ流域のクメール寺院の痕跡——アンコールから三七九キロあまり

スールヤヴァルマン一世は、一一世紀前半に支配領域をチャオプラヤー川中流域のロッブリーまで拡大し、近隣に居住していたモン人集団を駆逐した。この拠点は、当時タイ東北部やチャオプラヤー川中流域を版図としていたアンコール朝の西方の要衝であった。その領域内ではいくつものクメール系の中小寺院が建立されていた。ロッブリーは中国へ独自の朝貢使節を一一一五年と一一五五年の二度にわたり派遣し、クメールの支配から逃れようと試みたが、ジャヤヴァルマン七世の登場で再びアンコール朝に服属したようである。

ロッブリー地域の建築・美術では、ワット・プラ・プラーン・サムヨット寺院、崩れ落ちた山岳型寺院ワット・ナコン・コサ、数回の修復改築を経たワット・マハー・タートなどが現存している。発見された仏像などから、当地にはクメール系建築・美術の地方工房があり、仏師が仏像を造っていたことがわかっている。このロッブリー建築様式および美術様式は、結果として前期アユタヤ朝に大きな影響を与えるのであった。ロッブリーからは一一世紀の古クメール語碑文が出土している。

ロッブリーのクメール式祠堂、ワット・プラ・プラーン・サムヨット。砲弾形の祠堂が遠くからも目立つ（上智大学調査団提供）。

三祠堂連結様式のワット・プラ・プラーン・サムヨットは現在もロッブリー市中の真ん中に残っている。それは七層の砲弾形クメール祠堂で、当時の威容を感じることができる。ワット・マハー・タートは、かつてのクメール様式の影響を残しながらスコータイ建築様式を採り入れた寺院で、一三世紀末から一四世紀初めの建立である。

シャムではスコータイ朝の文化を前期アユタヤ朝が継承する。創建者ラーマディボディ一世によって一三五一年にアユタヤが王都とされた。前期アユタヤ王国（一三五一〜一五六九年）のシャム軍部隊は一三五一年にアンコール都城を最初に攻撃したのであった。そして後期アユタヤ朝（一五九三〜一七六七年）へと続いた。アユタヤ都城は、一七三二年から一七六二年までが絶頂期にあり、多くの仏教寺院が建立された。五〇〇余りの寺院とパゴダがあり、上座部仏教の芸術が花咲いた都城でもある。

アユタヤはその地理的位置から、ロッブリー、クメール、スコータイ、ビルマ、モンなどの諸王朝の文化要素が融合し、タイ人の同化能力が集大成された場所でもあると言える。それは建築の場合にはプラ・プラーン様式に現れており、彫像の場合にはウートーン派（ロッブリー、スコータイ、シュリヴィジャヤの混合美術）などがその事実を実証している。

ロッブリー経由スコータイ都城へ――アンコールの地より七一五キロ

ロッブリーから北へ三三六キロ進むと、スコータイに至る。スコータイはチャオプラヤー川支流のヨム川河岸流域に一三世紀から一五世紀にわたり栄えたシャム人の最初の都城であり、シャム文化揺籃の地でもある。

スコータイは、一二二〇年ころまで、アンコール王朝支配下の土侯国であり、クメール人がたくさん住んでいた。スコータイ都城内のター・パー・デーン寺院は、スールヤヴァルマン二世の時代に建立された祠堂で、スコータイ都城に残る最古の建造物である。この祠堂内では、クメール建築様式の寺院であり、さらに内部からアンコール・ワット様式のヒンドゥー教神像が発見されている。

スコータイ都城の人たちは、シーサッチャナーライ副都城の人たちとともに、一二四〇年ころからクメール人支配から独立しようと活動がはじまり、一二四〇年に最初の王シーイントラティットが即位した。シャム人の王が治める都城となった。都城は東西一・六キロ、南北一・八キロの環濠と三重の城壁に囲まれていた。スコータイ都城には、当時の豪華な王宮、さらに、きらびやかに飾られた寺院とその大屋根、立ち並ぶ黄金の仏塔など、往時の繁栄の様子が伝えられている。

スコータイ都城の仏陀坐像（上智大学調査団提供）。

そして、スコータイ地方は、タイ独自の仏教芸術を発展させた地でもある。例えば、蕾《つぼみ》型の頂塔をつけた仏塔、遊行仏（歩行立仏像）の彫刻、仏像の装厳具など、スコータイ様式といわれる仏教芸術を発展させた。

一四世紀半ばに刻まれたスコータイの第三碑文「ワット・パムアン」には、タイ語と同文のクメール語碑文が現存している。これは、一四世紀中頃までクメール語しか話せないカンボジア人がスコータイに住在したことを示している。タイ語の話せない彼らのためにわざわざ翻訳して理解せしめる必要があった。何があったのか、とても考えられない史実であり、ジャヤヴァルマン七世が最北の「灯明の家」を設置した理由は何なのかはわからない。

スコータイにおいて、こうしたカンボジア人の在住を無視できない何らかの理由があったと思われる。一つの仮説ではあるが、クメール人がスコータイにおいてアンコール寺院の砂岩の石材の上に上塗りする野生の「うるし」をアンコールへ送るため、収集していたのではないか。うるしは撥水剤であり、さらに金箔を塗る時の養生となるのであった。砂岩の屋根の寺院に塗り、雨水をはじくためであった。碑文では寺院に捧げられた「うるし（クモック）」が記載されている（K.168＝九七二年、K.868＝九七四年、K.444＝九七四年、IMA2＝一五七七年　カンボジア中世紀）。

スコータイ都城内にはクメール系の寺院も残っている。それは在住クメール人の寺院であった。有名なワット・シサワィおよび都城の北のワット・プラパイ・ルナンである。スコータイ王朝の初期には、クメール人とシャム人がこの都城地域に同居し、アンコール様式の寺院をいくつも造営したものと思われる。現代の「経典文字」にもクメール文字が使用されており、それほどクメール文化がスコータイの生活文化に浸透していたのであった。これはシャム人の同化能力の一つであろうか。

仏像奉納街道――アンコールより約六二〇キロの道、ベンガル湾のダウェイへ

アンコールから西へ、ダンレック山脈が切れるアランヤプラテートを通り、アユタヤを経由し

て西へ行く、約六〇〇キロの仏像奉納街道があった。アユタヤからはチャオプラヤー川下流域やロッブリー地方を経由して、その先のタイ湾岸にあるラーチャブリ（約四三九キロ）とペッチブリ（約六一二キロ）、そこからさらに西へ進んでピラウタウン山脈裾野のプラサット・ムアンシン寺院にまで達する（アンコールから四九三キロ）道である。さらにそこからダウェイ港（現ミャンマー、一一一三キロ）まで約六二〇キロの距離であった。

レンガ造りに一部砂岩を配したプラサット・ムアシン寺院本堂（上智大学調査団提供）。

ジャヤヴァルマン七世は各地の寺院に観世音菩薩を寄進していたが、その寄進奉納仏が再発見された寺院は、チャンパー王国の旧都ヴィジャヤ、タイ湾に面したラーチャブリ寺院、さらにダウェイ港に近い、ムアンシン寺院であった。これらは仏像寄進の道であった。各地の寺院へ観世音菩薩像が運ばれ、寄進されていたのであった。

ところが、このアランヤプラテートを通る王道は、一四世紀から一五世紀にかけて前期アユタヤ軍がアンコール朝攻略のために数万人の軍隊を送り込んだ道でもあった。そして、この道を通ってアンコール都城から多大な戦利品がアユタヤ都城へ運ばれていった。

樹木が繁茂するベン・メリア遺跡。分厚い石造側壁には浮彫りがある。

チャンパー街道北路
――アンコールから四二五キロ

アンコールを東へ約五二キロ行ったところに、ベン・メリア（「メリアの池」の意味）寺院がある。街道はベン・メリア寺院を通過し、その東方にある大プリヤ・カーン寺院（約一七一キロ）を通り、さらに南に下がってプノン・チソール寺院（約三八〇キロ）まで行き、そして沿岸沿いにチャンパー王国の首都ヴィジャヤへと向かう道である。その一部の道路は現在の国道一号線の一部と重なり、さらに複数の小王道が走っていた。

ベン・メリア寺院はアンコール・ワットより少し小型の寺院で、時代はアンコール・ワットより二〇年ほど早い一一世紀末から一二世紀初めの建造である。

回廊の崩れたすき間にはデヴァターの浮彫りがひっそりと佇む。

遺跡調査中の筆者（2003年12月19日）。

建設者は、スールヤヴァルマン二世や土地の有力者であるという。この遺跡は、設計図、配置図、塔堂の構成、回廊など、アンコール・ワットとほとんど同形式で、さながらミニ・アンコール・ワットのようであるが、建築技術の面では、アンコール・ワット以前の技術が使われていた。回廊の浮彫り、装飾美術はこれまで紹介されていなかったが、丸紋唐草文様、輪違い文様、女神図像などにその特色がある。アンコール・ワットとの比較検討などから、寺院の詳細が明らかにされつつある。

ベン・メリア寺院の規模は、バライが一五〇〇×六〇〇メートル、周囲四・二キロ、旧寺院境内の囲壁は一一〇〇×六〇〇メートルであり、一〇八ヘクタールの広さをもつ。一辺が四・八キロの環濠

崩壊した回廊は新しい樹木と小動物の住処となっている。

に囲まれる。このベン・メリア寺院は、アンコール都城近隣の最大の地方拠点でもあり、副都城であった。アンコール都城同様の水利灌漑都城として開発され、往時の東と北へ向かう王道の拠点でもあった。この地方には人口の集中が見られ、アンコール都城へ作業員や人夫をここから供給していた集落もあった。最近近くには陶磁器の窯跡が発見されている。

ベン・メリアは地理的には、アンコール都城から約五二キロ東のカンボジア東南部にあり、アンコール都城とは頻繁な往来があったという。さらに東南へ向かうチャンパ街道の途中にコンポン・スヴァイ地方の大プリヤ・カーン寺院（アンコールから約一七一キロ）がある。この大寺院はジャヤヴァルマン七世治下の一三世紀初めに整備が進められ、「灯明の家」がこの寺院の外周壁の近くにあった。その規模はアンコール・ワットの約四・七倍の大きさである。早くからこの地方の拠点都市だったらしく、一一世紀の碑文からはスールヤヴァルマン一世の名前も確認できる。

境内は広く、現在は樹林が密生しているが、往時は木造の家宅や寺院、僧院などが建立されていた。また、ジャヤヴァルマン七世が対チャンパー作戦のため一一六〇年から一一八一年頃まで立て籠った地方拠点であった。

チャンパーの聖地ミーソンの建築様式はやはり十字型プランであり、東側が正面参道である。中央本殿には二重の回廊がめぐらされており、外回廊は、一辺が約四八メートルあって四方に通じている。かつては中央塔堂が建っていたが、現在は崩れ落ち、瓦礫の山となっている。近くにはいくつかの寺院跡や僧院跡と思われる基壇が、密林の中に埋もれている。

祠堂高塔に安置された大プリヤ・カーン寺院の四面仏尊顔。

保存修復活動が止まり崩れつつある北祠堂。

チャンパー街道南路はアンコールから三九八キロ

この街道はアンコールから南東へ、プリヤ・カーンの寺院の先のソンボール・プレイ・クック旧都城（約一七二キロ）を通り、さらに南のワット・ノコールからコンポン・チャムを通過し、南シナ海の沿岸に出てチャンパーの旧都ファンラン経由で首都ヴィジャヤまで行く道である。このチャム人の国チャンパー王国は二世紀末頃から、現在のベトナム中部から南部沿岸にかけて存続した交易立国であり、インド文化の影響を受けて国造りがはじまった。近隣との港市交易で栄えた国であり、南シナ海に面した沿岸にはいくつもの地方拠点があり、チャンパー王国を形成していた。

チャンパーは四世紀末にはバードラヴァルマン一世がベトナム中部の聖地ミーソンにシヴァ神の大寺院を建立した。しかし、ベトナム北部からの軍事的圧力に加え、一五世紀からはベトナム北部の黎朝の攻撃にさらされ弱体となった。それに加えて、国内的には王統の頻繁な交替により国勢が伸長せず、退潮の歴史が続いた。西からはアンコール朝の侵攻と占領があった。

チャンパーはかってインドと東南アジア各地と中国を結ぶ仲介貿易の活動を通じ栄えた国であ

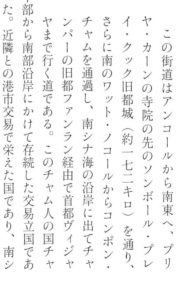

る。一〇世紀末頃首都ヴィジャヤを中心に繁栄していた。王国は一つの中央集権体制というよりも連合王国的につながっていたらしく、強力な王が出現したときにはこれに従い、地方の各拠点はそれなりに交易活動を独自に行なっていた。一五世紀、黎朝が一四七一年に攻撃、中国流の徹底した焦土作戦であった。これらチャンパーの拠点もベトナムの南進の前にすべて失われ、インド文化の枠組みで立国してきたチャンパー王国はベトナムの強力な軍隊によりやがて消滅に近い状態にまで疲弊する。その後チャム人たちはカンボジア各地に亡命し、コンポン・チャム（チャム人の河岸の意味）の町ができた。ダナンには現在チャンパー美術館があり、その歴史的変遷の断片を見ることができる。

ラオス河川街道――アンコールから陸路ワット・プー寺院へ約二六五キロ

アンコールから東北方面へ進み、コー・ケー旧都城（約一三〇キロ）を通り、メコン川左岸の陸路を進むと、ラオス南部にあるチャンパサック地方のワット・プー寺院に達する（二六五キロ）。チャンパサックでメコン川河岸から川舟に乗り、ケマラッの浅瀬を無事通過し、そのまま北上を続けると、ビエンチャン河岸（約九四〇キロ）にたどり着く。そこにはアンコール末期にサイフォン寺院が建立されている。

南ラオスのチャンパサック地方はムーン川とメコン川が合流する地域であり、クメール人の祖先はここを故地としていたと言われている。確かに、ワット・プー近隣ではクメール系の旧趾や関係碑文が見つかっている。ワット・ルオン・カウ碑文（五世紀末頃？）があり、すでにこのワット・プー寺院近隣はもともと神聖な場所であった。『隋書』（巻八十二真臘伝）には「都の近くにはリンガパルヴァタ山（陵伽鉢婆山）があり、その頂上には祠がある。いつも兵二〇〇〇でもってこれを守る」という記載がある。現在のワット・プー寺院は山腹の傾斜を利用して建立されており、奥の院と付属の建物がある。四代王ヤショヴァルマン一世をはじめ、各代の王が多大な寄進を行なってきた。建物は砂岩とラテライトで造られ、正面二か所の平地には大きな貯水池がある。この貯水池建設の発想がアンコール地方のバライ開削の前例になったといわれている。

第一一章

世紀の大発見、二八〇体の仏像発掘

――歴史は塗り替えられた

二八〇体の仏像が語るアンコール王朝末期の歴史

二〇〇一年三月と六月に上智大学アンコール遺跡国際調査団（以下調査団）は、バンテアイ・クデイ遺跡（一二世紀末頃）において、カンボジア王立芸術大学の考古学部および建築学部の学生たち二五名と考古学の現場実習中に、偶然にも二七四体の仏像を境内の埋納坑から発掘した。考古学研修班の責任者は上野邦一先生（奈良女子大学教授）と丸井雅子先生（上智大学教授）であり、発見場所は東塔内入口近くの小祠堂（D11）の前であった。

出土した仏像は大乗仏教の仏像で、一〇世紀から一三世紀半ば頃に制作され、奉納されたものであった。当時、これら坐仏像はヒンドゥー教の王により廃仏毀釈され、打ち捨てられた。そして約八〇〇年間、地中に眠っていたのである。地中からは屋根瓦がこの坐仏像と共に発掘された。これらの埋納穴には、瓦葺きの屋根が架けられ、祭壇があったようで、近隣の村人により慰霊の

発掘現場方向から見えるバンテアイ・クデイ寺院本殿。

バンテアイ・クデイ遺跡東参道の敷石符号を調査中の筆者(2004年3月14日)。

バンテアイ・クデイ北塔門。上から四面仏尊顔が見下ろす。

行事が行なわれていたようである。アンコール遺跡において、これまでに、今回のように大量の仏像が一か所から発掘された前例はなく、まさしく世紀の大発見となったのであった。この大発見には全世界から特派員たちが駆け付け、トップニュースでの報道となった。調査団にとっては現場実習に取り組んで一一年目の快挙であった。

この仏像の発見はカンボジアの人たちにとって、大きな文化的自負を取り戻す機会となり、同時にそれが「民族の誇り」を取り戻すきっかけにつながったのであった。かつて四派に分かれて争っていた内戦（一九七九〜一九九三年）のわだかまりは、この大発見により吹き飛んでしまった。一九九一年からバンテアイ・クデイの現場で活動している私たち調査団の方針は、「カンボジア人による、カンボジア人のための、カンボジア人のアンコール遺跡の保存修復（By the Cambodians, for the Cambodians）」であり、保存官養成続行の追い風ともなった。調査団と現地の本学の人材養成研究センターは、現在も「遺跡救済」活動を続けている。二〇一九年夏期には五六回目の現場研修を終えたところであった。

「ナーガ（蛇神）上の坐仏像」はインド起源

これら地中から発見された坐仏像の像容は、いずれも法衣をまとい、「偉大な人物」としての「印」として、肉髻《にっけい》（ウシュニーシャ、頭頂の隆起した部分）と、眉間の房毛（白毫、ウールナー）を備えた姿で立像化されている。観世音菩薩や般若菩薩は、その頭上に阿弥陀如来の化仏

（小さな仏像）を置いているのが一つの目印である（口絵参照）。その尊顔は瞑想や威厳、達観などの顔貌で表されており、盛装仏として宝飾で飾られていたり、またその逆で、法衣も何も身につけていない裸形であったりする。

また、ジャヤヴァルマン七世王が仏師に造らせた仏陀像と薬師如来像は、両方ともナーガ（蛇神）上の坐仏像であったと伝えられている。その坐仏像は、禅定に入った仏陀が雨に濡れないように、ナーガがとぐろを巻いて台座となり、その七つの頭を傘のように仏陀に差しかけている姿と言われている。

ナーガ上の坐仏像のルーツを調査するため、調査団はインド北部のマトゥラー地方において学術調査を実施した。アマラーヴァティ（インド南部の仏教遺跡、一～三世紀）地方には、二世紀ころからナーガに守られた坐仏像が存在していた。その坐仏像がカンボジアに登場するのはずっと遅い一〇世紀半ばころといわれている。ナーガ上の坐仏像がどのようにインドからカンボジアへ伝えられたのか、しかし、その鍵となる貝葉文献は消失している。同じ形式の坐仏像が存在していることは確かだが、約七〇〇年の時間と空間をどのように埋めていくか、雲をつかむような調査であった。

しかし、カンボジアにおける仏陀とナーガを組み合わせた坐仏像は、決してインドのマトゥラー地方のナーガ坐仏像の類似ではない。カンボジアのこれらの坐仏像は仏陀の崇高な征服（成道獲得）という教理に基づくものではないかといわれている。そこにはクメール独自の図像概念が新しく付加され、もとから水の神として存続してきた土着のナーガ（蛇神）に、仏陀を結びつけたということができるのではないか。

「ナーガ上の坐仏像」の由来となる『カーランダヴューハ』経典

タイ美術研究者、A・グリスオルド氏がタイで収集した石板碑文史料の表には八臂の美しい観音図像が彫り込まれ、その裏面に八行の碑文が刻まれている。その碑文（K.1154）は、餓鬼道に落ちた亡者に聖水を与えるという内容である。この観世音菩薩の功徳を説いたのがカーランダヴューハ（kāraṇḍavyūha-sūtra ＝観音霊験譚）経典である。

当時、アンコール王朝には、『カーランダヴューハ経典』そのものが伝えられ、その経典に基づくナーガ上の坐仏像が制作されていたのであった。ところが、この経典は貝葉上に書かれた経典だったので、年月を経て消滅してしまった。インドでは経典はすべてラタニアヤシの葉を使って書かれており、紙ではなかった。だから、現地では写経作業がひんぱんに実施されていた。今でもインドでは経典に貝葉が使われ、エアコン室に収納されている。アンコール朝に伝えられた根本経典は写経されてはいたが、ジャヤヴァルマン七世の以後の政治混乱で、それらの大量の貝葉経典そのものが焼失し、消えてしまったのである。そして、バンテアイ・クデイ寺院から出土した石造の「ナーガ上の坐仏像」だけが残ったのであった。

このカーランダヴューハ経典は、漢訳では『仏説大乗荘厳宝王経』である。当時インドからカンボジアにどのように伝えられたか、その詳細な経路はわからない。仮説ではあるが、カンボジアに伝えられたこの経典がジャヤヴァルマン七世の帰依を得て、ナーガ上の坐仏像として制作されたのではないだろうか。この貝葉経典の存在とそれに関連する観音の図像については、キルギット（カシミール）、ネパール、チベット、中国等も含めて、経典の行方も調査しながら、アンコール時代のナーガ上の坐仏像とどんな関係があるのか考察を進め、その歴史的位置づけを探っていかねばならない。

バイヨン寺院のご本尊は何故埋められていたのか

仏像が廃棄され埋められた理由は何なのか。未だに仮説の域を出ていないが、第一の理由を挙げてみると、先述のようにジャヤヴァルマン七世は仏教を篤信し、これまでの「神なる王（デヴァラージャ）」を読み換えて「仏なる王」を自称し、各地に多くの仏教寺院を建立し、結果として王朝の大繁栄を指導した偉大な王であった。

七世王の逝去後（一二一八年頃）、これまでどおり、王位継承をめぐる権力闘争が再びあった。七世王の後に登位した第二二代王インドラヴァルマン二世（一二一八頃〜一二四三年）は、断片的な史料や寺院改修事実から、仏教徒もしくは仏教を容認していた王であったといわれている。

しかしながら、王室内にはこれまでにカンボジア版シヴァ神派およびそれに賛同するヴィシュヌ神派などのヒンドゥー教の勢力が存続していた。かつてスールヤヴァルマン二世の許でヴィシュヌ神派が主流派であった。仏教優位の時代においても、寛容なジャヤヴァルマン七世の方針にもとづき、両派は宗教活動をそれなりに続けてきた。それはインドラヴァルマン二世の時代においても同様であった。

ところが、その後の王位継承闘争の結果、シヴァ神を篤信するジャヤヴァルマン八世（一二四三〜一二九五年）が二三代王として即位した。その新王を守り立てるシヴァ神派の勢力が、反仏教運動にエネルギーを結集させ、過激な廃仏行動に出たのであった。そして大量の廃仏像が、バ

地中から発掘された280体の仏像。左上は千体仏柱。

ナーガ上のブッダ像。

発掘された千体仏石柱をシハヌーク・イオン博物館に展示するため、一時収蔵中の上智大学アジア人材養成研究センターから出発する時の仏教儀式（上智大学調査団提供）。

発掘調査は、カンボジア人保存官の現場研修中であった。

ンテアイ・クデイ寺院の境内に埋められたのである。近隣の村人たちが小祠堂（D11）の前に埋納の穴を掘り、大きい仏像は外側に、中小の仏像は中心部へ集め一体ずつ懇《ねんご》ろに弔い、埋めたのであった。

建寺疲労説の矛盾点

碩学のジョルジュ・セデスは、カンボジアの碑文を解読して集大成し、古代カンボジア史の歴史的枠組みを構築した研究者で、「カンボジアのシャンポリオン」（J・E・シャンポリオンは一八二二年に古代エジプトの象形文字を解読）と呼ばれている。彼は一九六四年の著書の中で「ジャヤヴァルマン七世の事業は人々にとっては過重な負担であった。彼らはたびたびの対外戦争に狩りだされ、スールヤヴァルマン二世以来の大寺院建設ですでに疲れきっており、それ以後カンボジアは隣国（シャム）の攻撃に対して抵抗する力がなくなってしまった」と述べている。

フランス人研究者たちは、ジャヤヴァルマン七世によって成し遂げられた数多くの大規模な寺院建設がアンコール王朝そのものを破産させ、王朝を疲弊させ、衰退に追い込んだという結論を導き出している。つまり建寺疲労による王朝崩壊である。しかし、この建寺疲労説には疑問点が多い。

一三世紀から一四世紀にかけて、アンコール王朝には、これまでのインド人たちの来航に加え、中国人の周達観が来訪した。周達観は一二九六年にアンコール都城に来訪し、帰国後『真臘風土記』を書いた。ジャヤヴァルマン八世王が約五二年に及ぶ治世を終えた翌年の来訪であった。

大量の仏像破壊は、八世王が即位したころ（一二四三年頃）の出来事であった。王から仏像破壊の命令が出され、それが全国各地で実行されたといわれるが、遠隔地のバンテアイ・チュマー寺院や大プリア・カーン寺院ではその痕跡が見られない。どうもアンコール近隣が対象であったようである。

その実行者たちは、シヴァ神派の中でも直接行動に出た男たちであった。指導者はインドから到来したサルヴァジュニャムニ師といわれ、彼は八世王の王師（ヴラッ・グル）となり、宗務担当官であったという（B・ダジャンス　パリ第三大学説、K.300）。彼はインドから同調者を引き連れて、ベンガル湾のダウェー港（現在のミャンマー南部）に上陸した。ムアン・シン寺院を経て、ロッブリーを通り、盛土道路を通ってアンコールへやって来た。このシヴァ神派の過激派集団というのは、人前で飲食をしないといわれ、周達観が言及した「八思惟」（ヨーギン＝ヨーガ行者）の人たちのことで、彼らは「一塊石」（リンガ＝男根像）を祀っていたという。

一方、一三世紀末にカンボジアに来航した多くの中国人たちは、大石造伽藍のアンコール・ワットを見物し、さらにアンコール・トムの都城を訪れ、その豪華な黄金塗装の都城にびっくりしたのであった。そして、これまでの南蛮史観を改め、「富貴真臘」（『明史』「真臘伝」）と褒めたたえた。この評判は、アンコール都城の絢爛豪華な寺院や城郭を実踏した多くの中国人が伝えたものである。

周達観が訪れたアンコール都城の市場には、南海の物産や貴金属製品が並び、さらにごま、白檀、胡椒などの香辛料や薬石が並んでいた。たくさんの人たちで賑わい、交易の商品が山積みされていた。アンコール王朝最盛期の繁栄ぶりが『真臘風土記』の中にも描かれている。そして政治といえば、いつも通り女系家族を中心とする「神なる王」の寡頭政治が続いた。

周達観は特派員的な目線で、八世王以後とその取り巻きの高官たちの政治・社会・経済の生活実態についてかなり詳しく報告している。彼の報告では、アンコール王朝がシャム（前期アユタヤ朝）勢力の領土的野心に困却していると伝えている。

新しい歴史仮説

フランス人研究者によると、アンコール王朝は、スールヤヴァルマン二世が約三二年にわたり、さらにジャヤヴァルマン七世が三七年間にわたり、大寺院を次から次へと造営し続けたため、社会全体が疲弊《ひへい》したとした。だからこの両建寺王以降に大寺院が造営されなかった。それは建寺疲労による国力の衰退が原因であったという。多くのフランス人研究者は、この説を支持してきた。確かに王朝末期の退潮（デカダンス）的史実があったことは事実であろう。

しかし、世紀の大発見と言われた二八〇体の廃棄仏像により、歴史を塗り替える史実の手がかりが浮かびあがったのである。これまで考察してきた断片的な史実を整理しながら、従来の学説を再検討し、新しい歴史仮説を提起したい。

ジャヤヴァルマン八世は数百年前に廃絶になったヒンドゥー教の寺院を再建した。例えば、バプーオン寺院などは、建立後約二三〇年以上経過し、実際には当時かなり荒廃していたと思われるが、王命により剝げ落ちた金箔や銀箔は塗りなおされ、基壇も修復されて寺院全体が蘇生されたのであった。そして、多くの人たちに対してカンボジア版ヒンドゥー教信仰の再興のさまを訴えたのであった。

そして、ヒンドゥー教を掲げる八世王の政治が健全に機能するように、まず目の上の瘤《こぶ》の仏教を取り除くために、王命によるこの廃仏事件が起こった。結果として大乗仏教関係者（僧侶や村のアッチャール）は村から離れてしまった。かわりにその村へは新しく上座部仏教が入ってきた。

邪教としての大乗仏教をせん滅させるため、仏像を寺院で破壊し、さらに見せしめとして境内の仏像の浮彫り等を削り取って、かねてからの「神なる王」の権威を見せつけるように、そこにリンガを新しく彫り込んでいる（タ・プローム寺院）。そしてヒンドゥー教の苦行僧像を石柱に彫り込み、礼讃させていた（バイヨン寺院）。さらに仏教寺院のバイヨン寺院を新しい国家鎮護寺院に仕立てるため、再塗装し、内回廊の浮彫りや破風かまぐさ石に描かれた仏像を削りとり、改修の工事を追加した。そして新しくハリハラ神（シヴァ・ヴィシュヌ合体神）を祀った。それにともなって、四面仏尊顔塔を、四つの顔をもったシヴァ神、またはブラフマー神として読み替え、その説明の整合性を参詣者に説明し、納得させようとした。

こうしてジャヤヴァルマン八世が主導するヒンドゥー教寺院の再生工事が次々と実施された。そして、バイヨン寺院はヒンドゥー教三神（シヴァ、ヴィシュヌ、ブラフマー）の顕在する国家鎮護寺院として衣替えした。この王はこれまでの慣例の国家鎮護寺院を新築しなかったのであった。

周達観の報告書によれば、バイヨン寺院の東正面入り口の金橋には、左右に二体の金のシンハ（獅子）像が並んでいたという。バイヨン寺院の北門を出て、銅塔のバプーオン寺院正面まで約二〇〇メートル、その東正面から浮橋づくりの参道を約四二〇メートル行くと、本殿に達するという。実に正確に寺院や参道のことが伝えられている。

バプーオン寺院はウダヤーディテーヤヴァルマン二世（一〇五〇～一〇六六年）治世下の国家鎮護寺院であった。周達観はその約二三〇年後の新バプーオン寺院を実見したことになる。このバプーオン寺院は、その時点でバイヨン寺院より高くそびえ建ち、豪華で、霊験あらたかなさまの寺院であったという。この記述が本当であるとするなら、バプーオン寺院は修復され、多くの村人が参詣していたことになる。そして、一六世紀にはこの寺院の西側に涅槃仏像が設置された。

ジャヤヴァルマン八世の治世の下では、国内外政治の積極的対応により五二年に及ぶ長期安定政権となったが、これも建寺衰退説を退ける一つの史実となっている。水利による集約農業生産は継続され、安定した生活環境が破壊されることはなかった。一二八三年に元朝軍の小部隊が来攻し、アンコール王朝軍は敗北したのであった。一二八五年にはカンボジアから正式な朝貢使節を元朝へ派遣した。八世王の政治主導のもと、このようなアジア外交の戦略が行なわれていた。

さらに周達観の報告から判明した都城の大改修工事跡の検証などにより、国内の農業経済がそのまま維持されていたことがわかる。先述のように訪れた中国人たちはこの黄金の尖塔が輝く都城のさまを見て、「富貴は真臘の諺」とたたえたのである。

このように見てくると、フランス人研究者が言及した建寺疲労衰退の徴候は、現地の史料からは見当たらない。一三世紀後半から一四世紀初めにかけて、安定した持続的な隆盛振りさえうかがえる。しかし、アンコール・ワットのような大建造物が建立できなかったとの指摘は当たっている。アンコール都城での大石造伽藍の建設がなくなったので、スコータイ地方から供給されていた、砂岩石積みの建物に撥水剤として塗布する「うるし」が必要でなくなった(うるし塗布の問題は現在調査中)。

ジャヤヴァルマン七世治下では支配が及んでいた北西の要衝地スコータイは、一三世紀前半にカンボジア人知事を追い払い、一二四〇年スコータイ王国として独立した。チャオプラヤー川下流域では一四世紀半ばに前期アユタヤ王朝(一三五一～一五六九年)が興起してきていた。シャム(タイ)人は、一三世紀前後に雲南地方からメコン川などの大河沿いに移動してきた人たちである。だから、カンボジアとシャム（タイ）の両民族は、近隣にありながら似ても似つかぬ他人であり、歴史、言語、生活文化など全てが異なり、「話せば分かる」範囲を超えて、敵愾心が強く、これまでいつも苛烈な戦争を繰り広げてきた。

アンコール都城の陥落――カンボジア民族の存亡をかけた熾烈な戦争

歴史的な流れを見ると、アンコール王朝の滅亡は、一四世紀半ばから約八〇年間にわたる前期アユタヤ朝との数次にわたる激しい戦争に主に起因している。タイの『アユタヤ王朝年代記』によれば、ラーマティボディ一世（一三五一～一三六九年）の前期アユタヤ朝軍が、一三五一年頃に初めてアンコール都城を攻撃した。

そして最終的には一四三一年頃、ボーロマラーチャ二世（一四二四～一四四八年）の前期アユタヤ朝軍が、アンコール都城に来攻した。このとき、アンコール王朝軍が頑強に抵抗したので、前期アユタヤ軍は態勢をたてなおすため一度撤退し、援軍を呼び寄せ、それを待って大攻撃をしかけてきた。そのとき、アンコール王朝が造成した立派な石橋付きの盛土土手道がアユタヤ方面へ通じていたため、逆にそれを使って前期アユタヤ朝軍は、カンボジア側の防衛態勢が整わないうちに、数万規模の大軍を急派できたのであった。そうして一気呵成に壊滅させた。これはアンコール朝にとって一つの誤算であった。

前期アユタヤ朝軍は、アンコール・トム都城を包囲し、徹底した焦土作戦に出た。都城内の大楼閣や王宮、倉庫や家宅はすべて放火され、皆殺しに近い熾烈な戦いであったという。アンコール都城を炎上させたその戦闘は苛烈を極め、前期アユタヤ朝の勝利に帰した(『アユタヤ王朝年代記』)

勝利した前期アユタヤ朝軍は、アンコール都城から数万人に及ぶクメール人の捕虜と、多大な戦利品を持ち帰った。馴象の修羅に乗せて金属製大彫像が約五〇体、そして金目の荘厳具などがアユタヤへ向かって運ばれた。これらの工芸品・貴金属などの戦利品は供養の後、各名刹へ奉納され、安置された。

アンコール・ワットはアンコール・トムから三キロあまり離れていたので、破壊行為が及ばず無事であった。前期アユタヤ軍は寺院であったアンコール・ワットそのものを攻撃することはなかった。しかし、寺院内の青銅製の仏具や法具、金属製の幢幡《どうはん》や瓔珞《ようらく》は持ち去られてしまった。結果として約六〇〇年間続いた華麗なアンコール都城は灰塵に帰し、二六代続いた王朝は終焉したのであった。王族をはじめカンボジアの人たちはアンコール都城を放棄し、中国人が褒めそやした都城と大王宮は眼の前から消えてしまったのである。このアンコール都城の放棄は、一つの時代の終焉であった。

ポスト・アンコール時代はカンボジア王国存亡史

「アンコール都城」の放棄は大事件であり、一つの時代区分のメルクマールを提示している。

それは、カンボジア人にとっては、アンコール王朝時代から中世カンボジアへの出発点だったかもしれない。生き残ったカンボジアの人たちは、アンコール都城から遠く離れた南方や安全な地域を目指して逃亡した。

ポスト・アンコール時代の遷都は、めまぐるしい。スレイ・サントー（一四三三年）、プノンペン（一四三四年）、ロンヴェーク（一五三五年）、そしてウードン（一六一八年）と遷都を重ね、それに伴って多くの人たちが随伴し移住したのであった。シャムから少しでも遠いところに移動していったのである。

彼らは、移住先で衣食住を確保し、新しい社会生活の基盤を再構築してきた。しかし、日常生活の生産活動の一部分が存続機能していたとしても、新開地の村々では大変革が起きていた。新開地における新体制は、寄り集まった人たちがなんとか飢えをしのぎ、その日その日を生きていくのがやっとという悲惨な生活であった。何故なら、王国は形の上では存続していたが、一五九四年の前期アユタヤ王朝によるロンヴェーク王都の攻撃、打ち続くシャムとベトナムとカンボジアとの三つ巴の戦争がはじまり、そして国内では王位をめぐる内紛が続き、その度に村人が数千人単位で戦争に狩り出され、一六歳以上の男子は兵員に徴用されていた。

シャム軍の食糧は現地調達であったので、村を見つけると遠巻きに包囲し、村人が逃げられないようにした。対象となったカンボジア人の村は略奪を受け、放火され、廃村となった。王国が形だけでも維持されていたのは、あくまで王国の存続が伝統だったからに過ぎないとも言われている。そして、王をはじめ村人たちも上座部仏教に帰依し、その不正義を問うた。

二人のカンボジア人歴史学者が新「ポスト・アンコール史」の学位論文を提出

カンボジアがフランスから独立したのは一九五三年である。それから約三〇年後の一九八三年に、プノンペン大学の二人の歴史学者マック・プン教授とキン・ソック教授が立上がり、手分けをして、「ポスト・アンコール史」の空白約四三〇年間を埋めるべく、カンボジア民族の視座から研究を開始した。両教授は一九八二年からパリ第三大学の国立東洋言語文化学院（ＩＮＡＬＣＯ）のカンボジア語学科の教授として赴任した。しかし、博士論文作成のための研究活動は自前の仕事であった。

両教授はフランス各地の図書館や研究所・財団の文庫などに残されているカンボジアの諸史料を渉猟し、その史料批判を続けた。また、カンボジアからフランス本国に帰国した人たちが、カンボジアに滞在中に入手した貝葉史料や現地のカンボジア語の文献を一つずつ考察していた。ちょうど同じ頃にパリに滞在していたので相談を受けていた。

マック・プン教授は主として中世史にあたる歴史の解明を、キン・ソック教授は近世史にあたる歴史を採り上げていた。両教授は一九九三年、パリ第三大学へ学位請求論文として提出し、フランス国家博士の学位を取得した。カンボジア人研究者自身の手により初めて「ポスト・アンコール史」が綴られたのであった。

両教授が採り上げた時代は一四三一年から一八六〇年までで、インドシナ半島にあってはシャム人とベトナム人、カンボジア人が、民族の存亡をかけて、三つ巴の抗争を続けてきた時代である。それは弱小のカンボジア民族にとって慟哭《どうこく》の歴史でもあった。二人にとっては何よりも真実の三カ国関係史を構築し、強大な両隣国を告発する歴史書でもあった。

両著者は史料として、旧来の『カンボジア王朝年代記』の残簡と版本を渉猟し、そしてシャム史料とベトナム史料を精査し、さらに西欧宣教師文書をも加えて、真実の歴史を解明したのであった。両学位論文はフランス極東学院の学術成果として出版され、フランスおよびEUのアジア関係学会において高い評価を受けた歴史書である（キン・ソック著『カンボジア近世史』めこん刊、二〇一九年、石澤良昭訳、マック・プン著『カンボジア中世史』めこん刊、二〇二一年、石澤良昭・佐藤恵子共訳）。

「シハヌーク・イオン博物館」の建設

本章の最後に、アンコール王朝史を塗り替える考古発掘となった二八〇体の仏像のその後について報告しておきたい。上智大学は二八〇体の仏像を公開展示する博物館の建設を「イオングループ（1%クラブ）」に要請し、二〇〇七年に「シハヌーク・イオン博物館」が完成した。

発端となったのは、二〇〇二年三月にアンコール地方へ植樹のために訪れたイオングループの創業者である岡田卓也名誉会長が、これらの土がついたままの仏像を鑑賞し、その高貴で美しい尊顔に感動して、出土品を保存・展示するための博物館の建設を申し出てくださったのである。

二〇〇二年、岡田氏と一緒に当時のシハヌーク国王に拝謁し、博物館の建立を説明した。国王は賛同され、建設用地はカンボジア王国政府が無償提供することになった。そして、上智大学が建築主となって、遺跡入場の検査場に近い場所に博物館が完成した。二〇〇七年一一月に現国王のシハモニ陛下をはじめ両国の関係者が出席して落成式が執り行なわれた。博物館は即日カンボジア王国政府に寄贈された。この博物館には国王から特別の「国章」が授与され、入口に掲げられている。カンボジアではプノンペン国立博物館に続く二つ目の国立博物館となった。アンコール遺跡地区では初めての仏像博物館であり、管理と運営はアプサラ機構（アンコール地方遺跡整備機構）が担当している。建設から一〇年目の二〇一七年には、改修と補修の工事が全額イオンの負担で実施された。上智大学アンコール遺跡国際調査団が、一九九一年からカンボジアの地で、保存官の現場研修中に二八〇体の仏像を発掘した。それがイオン支援の博物館建設となり、東南アジアへの日本の大きな文化貢献の先例となったことを報告したい。

おわりに

国際政治に翻弄されるカンボジア——ゼロからの国家再建へ

カンボジアでは一九七〇年から隣国のベトナム戦争と連動して政治の大混乱がはじまった。次のポル・ポト政権下（一九七五〜一九七九年）では約一五〇万以上にのぼる知識人の大虐殺があった。加えて国内の混乱から数十万人のカンボジア人難民がタイ国境に逃れ出てきた。ようやく一九九一年一〇月にカンボジア和平パリ会議が開催された。この和平協定により、ヘン・サムリン政権を含む四派による最高国民評議会（ＳＮＣ）の設置、九二年の「国連カンボジア暫定統治機構（ＵＮＴＡＣ アンタック）」の平和維持活動（ＰＫＯ）が成功。国連高等難民弁務官事務所（ＵＮＨＣＲ）の高等弁務官として緒方貞子氏（上智大学名誉教授）が難民の帰還実現に尽力された。カンボジアでは九三年に王国が復活した。その時、何よりもクメール民族の誇りを取り戻す精神的な確かな「本物の」存在は「アンコール・ワット」そのものであった。

衣食足りて来世へつなぐ――自力救済主義

カンボジアの人々は上座部仏教を篤信し、だれもが功徳を積みたいと願っている。村人が托鉢に戸口に立つ仏僧に丁寧に接するのは、解脱へ導いてくれる期待を込めた敬虔な行為なのである。そして最も関心があるのは来世の極楽浄土のことであり、誰もが第一番目に極楽浄土を目指している。魅力的な天女がいるというのであるから、希望者が多いし、ほのぼのとした茶目っ気振りも納得できる。上座部仏教は出家者の仏教であり、自力救済主義である。カンボジア僧侶は妻帯せず、実践的な修行により涅槃の境地に達することを最終目標としている。

東南アジア大陸部では雨季（五～一〇月）に毎日のように雨が降り、乾季（一一～四月）には雨がほとんど降らない。確かに人々は、その生活が最小限の努力で可能である。そして、雨水だけで稲作ができる。ここでは寒さのために衣服や家宅を特別に準備する必要がなかった。高床式家屋は酷暑をしのぐために涼風の通り道に建てられている。村人たちは周りの樹林を通り抜ける涼風を好んで、ハンモックを吊るし、昼寝を楽しんでいる。だから、自然環境に即した伝統的な日常生活は、時間を厳守するとか、勤勉を軸とした日本の生活とは、当然異なる組み立てであり、生活の物差しが異なるのである。猛暑や雨季と乾季の気候の変化が労働意欲を阻害するものではないことは確かである。村人は日常の動作をゆっくりと、木陰に入って直射日光を避け、早朝と夕方に農作業をしている。

人の心が癒される世界遺産――確かな「本物」の存在に共感を寄せる

現代は何一つ確かなものがない時代となってしまった。毎日起こる凶悪な犯罪や事件・事故に、見通しの立たない日常生活、そして何となく閉塞感が残ってしまう。この時代を生きる私たちにとって、世界遺産こそは確かな存在であり、年月を経て残ってきた「本物（ホンモノ）」である。不安な時代を生きる私たちは、世界遺産を目の前にすると心が和み、なんとなく癒される。人間はまんざらでもないと思う。そして、私たちは少し安心するのである。こうした心理的背景がこれまで世界遺産ブームを引き起こしてきた。

時間と空間を超越したその確かな「本物」の存在感は、現代では得がたい「ロマン」そのものである。そして、何故、神仏を造像し、目の前に安置しようとするのか。見えない大きな力が存在していると感じていた、こうした当時の人たちの篤信の気持ちが神・仏の似姿を造り、後世を託したのではないか。

遺跡に思いを馳せるとき、私たちは一体どこから来たのか、またこれから先、どこへ行こうとしているのかと問わずにはおれない。遺跡には様々な謎があり、未だ解明されていないものが多い。科学的方法でそのメッセージを解明していく作業が必要である。遺跡を科学的に看破し、そこにかつての人間を登場させる研究こそ、遺跡研究である。

カンボジアではいつ行っても生きる喜びが満ち溢れているのを感じる。貧しいのに何故か。それは人々の心が満たされているからに他ならない。言い換えると、人間の本質的な考え方が健全に機能し、巨大な自然とまっすぐに向き合って暮らし、それぞれが生活の中で満足を覚えている、という当たり前のことである。上座部仏教を心の拠り所に精神の平安を得た人たちのことである。

なぜ上智大学がR・マグサイサイ賞か――民族の誇りを取り戻す作業

カンボジアは一九九二年から九三年にかけて政治的安定を取り戻した。カンボジアの人たちにとっては二五年振りに、いつもの平和な日常生活に戻ることができた。難民となった人たちも故郷に戻ってきた。カンボジアの人々にとっては、内戦の厳しい試練から解放され、やっと普通の生活が始まったのであった。彼らが誇りを取り戻したきっかけは、アンコール・ワット修復のニュースであったという。いつもの日常生活が戻ってきたのであった。カンボジアの人たちが拠って立つ、民族の誇りを取り戻す手掛りは何か、だれもが崇敬しているものは何か、人々が手をつなぎ民族の団結を仲介してくれるものは何かといえば、それはアンコール・ワットであった。近隣の村人が、アンコール・ワットへ行くと何となく心が和み、いつも元気になるというのが口癖であった。そして、家人が病気になれば、病人の髪の毛数本を持ってワットに出かけ、治癒《ちゆ》を祈るのである。カンボジア人にとってアンコール・ワット詣では、日常生活の一部なのである。

私たち上智大学アンコール遺跡国際調査団が九三年にフン・セン首相に申し出たのは「アンコール・ワットをカンボジア人保存官と一緒に修復する」であった。そしてカンボジアが東南アジア諸国連合「アセアン（ASEAN）」に加盟し、やっと普通の国に戻った。しかし、民族の誇りを取り戻すきっかけは、この「アンコール・ワット」の存在であった。カンボジアの人たちは民族の誇りと団結を、アンコール・ワットが在ることで取り戻したのであった。何故であろうか？　現代は何一つ確かなものがない時代となってしまった。この時代を生きるカンボジアの人たちにとっても、私たちにとっても、文化遺産や民族の伝統や祭礼等の行事は、最も確かなものであり、「本物」である。不安な時代を生きる私たちは、民族の文化遺産を目の前にすると、かつての思い出がよみがえり、「自分が自分である」ことを確認できるのである。時間と空間を超越したその確かな存在としての文化遺産、それは現代社会では得難い私たちの「ロマン」そのものでもある。

謝辞

本書を岡田卓也様（イオン株式会社名誉会長相談役）に捧げることをお許しいただきたい。岡田様にはカンボジア現地に日本の文化貢献の金字塔である「シハヌーク・イオン博物館」を建立いただき、二〇〇七年一一月二日の開館式後、その場でカンボジア王国政府に寄贈。さらに一〇年後の二〇一七年には維持管理の補修工事を無償で行なってくださいました。この場を借りて、岡田様のご健康とご長寿をお祈り申しあげます。

次に三〇回にわたるアンコール取材の成果である遺跡写真をご提供くださった写真家の大村次

郷氏に感謝申し上げたい。

また、編集者の向坂好生氏には四年以上にわたり辛抱強く待っていただき、激励をたまわり、ここに上梓が実現できました。ありがとうございました。さらに一番の推進功労者はアジア人材養成研究センターの主幹萱間隆夫氏であり、昼夜を問わず原稿を浄書くださいました。萱間氏には共著者になっていただきたいほど真摯に取り組んでいただきました。心から御礼を申しあげたい。

加えまして、かねてから浄書作業等を手伝ってくださいました隅節子氏、中井奈穂子氏、吉田桃子氏に御礼申しあげたい。もう一人、カンボジア人ニム・ソティーヴン研究員には古クメール語のデータを集めてくださり、助けていただきました。併せて御礼申しあげたい。

令和三年（二〇二一年）初秋

石澤良昭

参考文献

Maspero,Henri
« Études d'uhistoire d'Annam : 6. La frontière de l'Annam et du Cambodge du Ville au xrv e siècle », *BEFEO*, n° 18 (3), p.29-36 一九一八年
A・マルロー著、滝田文彦訳『王道』新潮文庫、一九七〇年
三島由紀夫『癩王のテラス』中公文庫、一九七五年
石澤良昭・宇崎真『埋もれた文明――アンコール遺跡』(ドキュメントシリーズ)日本テレビ放送網、一九八一年
石澤良昭『古代カンボジア史研究』国書刊行会、一九八二年
岩宮武二、解説：石澤良昭『アンコール――岩宮武二写真集』岩波書店、一九八四年
石澤良昭・坪井善明・遠藤宣雄ほか編著『カンボジアの文化復興』第一号～三一号、上智大学アジア文化研究所・上智大学アジア人材養成研究センター、一九八四年―二〇二一年
石澤良昭『アンコール・ワット――甦る文化遺産』日本テレビ放送網、一九八九年
石澤良昭編『タイの寺院壁画と石造建築』めこん、一九八九年
周達観著、和田久徳訳注『真臘風土記――アンコール期のカンボジア』(東洋文庫)平凡社、一九八九年
高崎光哲著、石澤良昭監修『アンコール・ワット拓本集(復刻版)』五月書房、一九九三年
G・セデス著、三宅一郎訳『アンコール遺跡――壮大な構想の意味を探る(改訂版)』連合出版、一九九三年

上智大学アジア文化研究所・上智大学アジア人材養成研究センター編『アンコール遺跡を科学する』第一回〜第二一回アンコール遺跡国際調査団報告会、上智大学アジア文化研究所・上智大学アジア人材養成研究センター、一九九三年〜二〇二〇年
重枝豊「アンコール・ワットの魅力——クメール建築の味わい方」彰国社、一九九四年
田村仁（写真）、石澤良昭監修『Angkor——密林の王土アンコール』恒文社、一九九四年
石澤良昭編『文化遺産の保存と環境』（「講座 文明と環境」第一二巻）朝倉書店、一九九五年
B・ダジャンス著、石澤良昭監修、中島節子訳『アンコール・ワット——密林に消えた文明を求めて』（「知の再発見」双書）創元社、一九九五年
H・タット著、今川幸雄編訳『アンコール遺跡とカンボジアの歴史』めこん、一九九五年
石澤良昭『アンコール・ワット——大伽藍と文明の謎』講談社現代新書、一九九六年
J・デルヴェール著、石澤良昭・中島節子共訳『カンボジア』文庫クセジュ、一九九六年
石澤良昭編『おもしろアジア考古学』連合出版、一九九七年
B・P・グロリエ著、石澤良昭・中島節子共訳『西欧が見たアンコール——水利都市アンコールの繁栄と没落』連合出版、一九九七年
M・ジトー、D・ゲレ共著、石澤良昭監修、河田洋子訳『クメールの芸術——アンコール・ワットに見る華麗な美術 プノンペン王立美術館収蔵品』芸術新聞社、一九九七年
石澤良昭、生田滋「東南アジアの伝統と発展」（『世界の歴史』第一三巻）中央公論社、一九九八年
田村仁（写真）、石澤良昭（文）『アンコールの王道を行く』淡交社、一九九九年
山崎元一・石澤良昭ほか「南アジア世界・東南アジア世界の形成と展開——一五世紀」（『岩波講座世界歴史』第六巻）、一九九九年
Ishizawa.Y (ed) "Along the Royal Roads to Angkor" Weatherhill (New York)、一九九九年

Ishizawa,Y（ed）"Commerce et Navigation en Asie du Sud-Est（XIVe-XIXe siècle）" L'Harmattan（Paris）、一九九九年
石澤良昭監修、盛合禧夫編『アンコール遺跡の地質学』（「アンコール・ワットの解明」第二巻）連合出版、二〇〇〇年
石澤良昭監修、中尾芳治編『アンコール遺跡の考古学』（「アンコール・ワットの解明」第一巻）連合出版、二〇〇〇年
J．ボワスリエ著、石澤良昭・中島節子訳『クメールの彫像（新装版）』連合出版、二〇〇〇年
石澤良昭（文）、内山澄夫（写真）『アンコール・ワットへの道——クメール人が築いた世界遺産』JTBキャンブックス、二〇〇〇年
石澤良昭監修、坪井善明編『アンコール遺跡と社会文化発展』（「アンコール・ワットの解明」第四巻）連合出版、二〇〇一年
石澤良昭監修、片桐正夫編『アンコール遺跡の建築学』（「アンコール・ワットの解明」第三巻）連合出版、二〇〇一年
石澤良昭責任編集「東南アジア古代国家の成立と展開」（『岩波講座東南アジア史』第二巻）二〇〇一年
遠藤宣雄『遺跡エンジニアリングの方法——歴史・文化資源をどう活かす』鹿島出版会、二〇〇一年
石澤良昭（文）、大村次郷（写真）『アンコールからのメッセージ』（Historia 4）山川出版社、二〇〇二年
藤田和子編「モンスーン・アジアの水と社会環境」世界思想社、二〇〇二年
A．ムオ著、大岩誠訳『インドシナ王国遍歴記——アンコール・ワット発見』中公文庫、二〇〇二年
J．デルヴェール著、石澤良昭監修、及川浩吉訳『カンボジアの農民——自然・社会・文化』風響社、二〇〇二年
石澤良昭・樺山紘一『東洋の心 西洋の心』ユーラシア旅行社、二〇〇二年
石澤良昭訳『東南アジア史（増補新版）』文庫クセジュ、二〇〇三年

石澤良昭編「特集アンコール・ワットを科学する」『季刊文化遺産』第一八号、三省堂書店、二〇〇四年
石澤良昭編「特集クメール文化の至宝　アンコール遺跡」『季刊民族学』一〇八号、千里文化財団、二〇〇四年
Ishizawa,Y（ed）"Cultural Heritage, Identity and Information Technology -Angkor Wat and the use of three dimensional Digital Imaging Technology"『*Sophia AGLOS Working Papers Series*』No.4 上智大学21世紀COEプログラム、Sophia AGLOS、二〇〇四年
石澤良昭監修『プノンペン国立博物館所蔵 大アンコールワット展――壮麗なるクメール王朝の美』東映、二〇〇五年
石澤良昭編『アンコール・ワットを読む』連合出版、二〇〇五年
石澤良昭『アンコール・王たちの物語――碑文・発掘成果から読み解く』ＮＨＫブックス、二〇〇五年
Ishizawa,Y（ed）"Autonomous Development in Cambodia"『*Sophia AGLOS Working Paper Series* No.9』上智大学21世紀ＣＯＥプログラム、二〇〇五年
Ishizawa,Y（ed）"Cultural Heritage, Natural Environment and Tourism: New Perspectives on Angkor and Cambodian Studies"『*Sophia AGLOS Working Paper Series* No.11』上智大学21世紀ＣＯＥプログラム、二〇〇六年
石澤良昭『アンコール遺跡・残された歴史のメッセージ』日本放送出版協会、二〇〇七年
石澤良昭・大村次郷撮影『アンコールの仏像』日本放送出版協会、二〇〇七年
Ishizawa,Y（ed）"*Manuel d'épigraphie du Cambodge*" École française d'Extrême-Orient, 2007
石澤良昭・中島節子訳『アンコール・ワットの時代』連合出版、二〇〇八年
石澤良昭監修『世界遺産アンコール・ワット展――アジアの大地に咲いた神々の宇宙』（岡田文化財団30周年記念会）（財）岡田文化財団、二〇〇九年
石澤良昭『東南アジア多文明世界の発見』講談社、二〇〇九年
石澤良昭編『東南アジアの伝統と発展 文庫版（増補加筆版）』中央公論新社、二〇〇九年

石澤良昭編『アンコール・ワットへの道―クメール人が築いた世界文化遺産――（増補改訂版）』ＪＴＢパブリッシング、二〇〇九年
石澤良昭・丸井雅子共編『グローバル／ローカル文化遺産』上智大学出版、二〇一〇年
石澤良昭編『アンコールワット西参道修復工事第1フェーズ（報告書）』上智大学アジア人材養成研究センター、二〇一一年
石澤良昭『プノンペン国立博物館』朝日新聞出版、二〇一二年
Ishizawa,Y *"Challenging the Mystery of the Angkor Empire--Realizing the Mission of Sophia University in the Asian World--"* 上智大学出版会、二〇一二年
石澤良昭『新・古代カンボジア史研究』風響社、二〇一三年
石澤良昭・三輪悟『カンボジア密林の五大遺跡』連合出版、二〇一四年
石澤良昭・中島節子訳『クメールの影像』新装版．連合出版、二〇一四年
石澤良昭ほか・ＮＨＫスペシャル「アジア巨大遺跡」取材班編『ＮＨＫスペシャル　アジア巨大遺跡――兵馬俑・バガン・アンコール』ＮＨＫ出版、二〇一六年
石澤良昭ほか『新自由主義下のアジア』ミネルヴァ書房、二〇一六年
石澤良昭『アンコール・ワットと私』連合出版、二〇一八年
石澤良昭『東南アジア多文明世界の発見』講談社学術文庫、二〇一八年
石澤良昭『亦近亦遠的東南亞：夾在中印之間，非線性發展的多文明世界』〈繁体字中国語翻訳〉八旗文化（台湾）、二〇一八年
Ｋ・ソック著、石澤良昭訳『カンボジア近世史』めこん、二〇一九年
Ｍ・プン著、石澤良昭・佐藤恵子訳『カンボジア中世史』めこん、二〇二一年

1853年■アン・ドゥン王、駐シンガポールのフランス領事へ密使を派遣、シャムの妨害で中止

1860年■ノロドム王即位

1863年■タイ顧問官不在中にフランスとの保護条約調印。保護国へ

1884年■フランス・カンボジア協約調印、フランスの支配強化、各地で住民が反仏蜂起（～1887年）

1887年■フランス領インドシナ連邦発足（1893年ラオス組み入れ）

1907年■シャムから西北部3州が返還、アンコール遺跡地帯がカンボジアへ戻る

1908年■フランス極東学院アンコール保存局開設、初代保存官J.コマイユ着任

王宮はメコン川、バサック川、トンレサープ川の合流地点に移転
1463～1468年■ノリイエ・リエチェ王
1528～1567年■アン・チャン1世。アンコール・ワットの壁面浮彫り追加工事
1474年■シャムの宗主権承認
16世紀■トンレ・サープ川河岸に日本人町ポニェルー建設
1528年■アン・チャン1世がロンヴェーク王都造営
1535年■ロン・ヴェークに遷都
1546年■アンコール・ワット追加工事（～1564年）
1550～1551年■ポルトガル人旅行者、アンコール・トム発見
1570年■カンボジア、シャム領湾岸の旧カンボジア領を占拠
1577年■アンコール・ワット修復記念
1579～1595年■ソター王
1583年■プノン・バケン仏像設置。ポルトガル人、イスパニア人宣教師をアンコールに迎える
1594年■後期アユタヤ朝の猛攻によりロンヴェーク都城廃都に
1603年■シャムの宗主権再承認
1604～1632年■日本人のアンコール・ワット（祇園精舎として）参詣者が続く
1615年■フエのグエン（阮）朝王女アン・チュウ降嫁
1618年■ウードン王都造営
1623年■阮朝にプレイ・ノコール（サイゴン）市場開設認許
1692年■チャム人集団（約5000人）のカンボジアへ亡命
1731年■サッター2世カンボジア南部2州をベトナムへ割譲
1758年■ウテイ2世ベトナムの宗主権確認
1792年■約1万人のカンボジア人を運河掘削のためシャムへ連行
1795年■宰相ベンが西北部2州を勝手にシャムへ割譲
1814年■シャム、北部3州を併合
1815年■ベトナム、数万人のカンボジア人を使役、ヴィンアン運河の開掘（～1820年）
1831～1832年■カンボジアの王位継承をめぐりベトナム軍と対決、シャム軍敗北
1841年■ベトナムはカンボジアを併合、行政はすべてベトナム人官憲の手で。カンボジア人各地で蜂起、アン・ドゥン王子がシャムから帰国
1843年■アン・ドゥン王子、ベトナムとシャム両国に申し出て即位

タターカ造成
1181年■トンレサープ湖におけるチャンパー軍との戦い
1186年■タ・プローム寺院建立着手。仏陀安置
1191年■プリヤ・カーン寺院建立。仏陀安置。バンテアイ・クデイ寺院建立か？
13世紀初め■バイヨン寺院完成
㉒**1218年頃～1243年■インドラヴァルマン2世**。引き続き大乗仏教を継承
㉓**1243～1295年■ジャヤヴァルマン8世**。バイヨン寺院改修。その他の仏教寺院もヒンドゥー教寺院へ改修、諸ヒンドゥー教寺院の化粧直し
㉔**1295年頃～1307年■シュリーンドラヴァルマン王**（㉓の娘婿）
1296年■中国人周達観、アンコール都城を訪れる
㉕**1307～1327年■シュリーンドラジャヤヴァルマン王**
1309年■カンボジアで最初のパーリ語碑文。シュリーンドラジャヤヴァルマン王の業績を記念
1320年■中国使節団、馴象の買付交渉に
㉖**1327～1351？年■ジャヤヴァルマーディパラメーシュヴァラ王**
1330、1335年■中国へ使節派遣
1346年■ニルヴァーナ（諡号）についての記録
1346～1351年■ラムポン・ラージャ王（？）
1352年■シャム、アンコール攻囲
1353～1357年■シャム、アンコール占領。2代にわたりシャムの王子が統治
1357～1370年■スールヤヴァムサラディラージャ2世
1370～1380年■パラマラマ王
1380年頃～1393年■ダンマソカラージャディラージャ2世
1393年■シャム、アンコール攻囲。ダンマソカラージャディラージャ2世死去
1393年～1404年■インダラージャ王（シャム王子）
1417～1463年■ポニエ・ヤート王
1431年頃■前期アユタヤ朝軍攻撃により、アンコール都城陥落

ポスト・アンコール時代

1433年■スレイ・サントーに遷都
1434年■プノンペン都城建設。

952年■東メボン寺院建立
961年■プレ・ループ寺院建立
967年■王師ヤジュニャヴラーハ、バンテアイ・スレイ寺院建立に着手
⑩969年～1000年頃■**ジャヤヴァルマン5世**（⑨の王子）
975年頃■タ・ケウ寺院建立開始
990年頃■バンテアイ・スレイ寺院完成
⑪1001年～1002年■**ウダヤーディテーヤヴァルマン1世**（⑩の甥）
⑫1002～1010年頃■**ジャヤヴィーラヴァルマン1世**
⑬1002～1050年■**スールヤヴァルマン1世**。各地に寺院建立。西バライ造成
1011年■タムル・バッチ（査察官）約500人に忠誠の誓いを立てさせる
⑭1050～1066年■**ウダヤーディテーヤヴァルマン2世**。バプーオン寺院建立。西メボン寺院建立
1052年■スドック・カック・トム碑文、王朝の歴史を記載
1065年■カムヴァウ将軍の反乱。サングラーマ将軍鎮圧へ
⑮1066年頃～1080年■**ハルシャヴァルマン3世**（⑭の弟？）。バプーオン寺院改修
1067年■北宋の皇帝英宗、ベトナムのリー（李）朝への遠征時にクメール王に対して出兵を求める
⑯1080～1107年■**ジャヤヴァルマン6世**。ワット・プー寺院、プリヤ・ヴィヘヤ寺院建立
⑰1107～1113年■**ダラニーンドラヴァルマン1世**（⑯の兄）
⑱1113～1150年頃■**スールヤヴァルマン2世**（⑰の甥）。アンコール・ワット建立
1116、1120年■北宋へ使節派遣
1128年■ベトナムのリー（李）朝へ遠征
1145年■チャンパー遠征。首都ヴィジャヤ攻略
⑲1150年頃～1165年■**ヤショヴァルマン2世**
⑳1165年頃～1177年■**トリブヴァナーディティヤヴァルマン王**（王位簒奪者）
1177年■チャンパー王ジャヤ・インドラヴァルマン4世、アンコール都城攻略
㉑1181～1218年頃■**ジャヤヴァルマン7世**。仏教徒王。アンコール・トム都城建設。バイヨン寺院建立着手。各地に寺院および施療院・宿駅建設。ジャヤ

⑨770 ～ 780年頃■某ジャヤヴァルマン、ジャワから帰還し地方小国を次々と征討。インドラプラ都城で登位。ハリハラーラヤ都城建設。アマレンドラプラ都城建設

アンコール時代

①802 ～ 834年■**ジャヤヴァルマン2世**

802年■マヘンドラパルヴァタ（プノン・クレーン高丘）において、初めてデヴァラージャ祭儀を執り行ない、即位した。転輪聖王を宣言

803年頃～ 830年以後■再びハリハラーラヤ都城へ

②834年頃～ 877年■**ジャヤヴァルマン3世**（①の王子）。象狩の名手

③877 ～ 889年■**インドラヴァルマン1世**。某地方の出身で、前王の皇太后の補佐官だった

877年■村人を動員して人工の貯水池インドラタターカ造成

879年■プリヤ・コー寺院建立に着手

881年■バコン寺院にインドレシュヴァラ神を安置するための仮設木造小祠建設

④889年～ 910年頃■**ヤショヴァルマン1世**（③の数人の王子のうちの1人）。第一次ヤショダラプラ都城建設。東バライ造成開始。プノン・バケン寺院建立

889年■国内各地にアーシュラマ（僧坊）を建設するように命令

892年■プリヤ・コー寺院建立

893年■ロレイ祠堂建立、祭壇から四方へ聖水が流れるように溝石あり

⑤910年頃～ 922年■**ハルシャヴァルマン1世**（④の王子）

⑥922年頃～ 928年■**イーシャーナヴァルマン2世**（④の王子）

⑦928年～ 941年頃■**ジャヤヴァルマン4世**（⑤・⑥のおじか）。コー・ケー都城建設。貯水池ラハール造成。プラサート・トム寺院建立。アンコール都城とコー・ケー都城の2首都分裂時代

⑧941年頃～ 944年■**ハルシャヴァルマン2世**（⑦の王子）。コー・ケー都城で統治か？

⑨944 ～ 968年■**ラージェンドラヴァルマン王**。アンコールへ遷都

948年■バクセイ・チャムクロン寺院修復

950年■チャンパー遠征

留陁跋摩（ルドラヴァルマン）
517、519、520、530、535、539年■扶南、中国へ使節派遣

真臘時代

6世紀末■「扶南」に代わって「真臘」の国名が中国史料に現れる
③598年■バヴァヴァルマン1世（④の兄）。バヴァプラ都城（ソンボール・プレイ・クック遺跡付近と思われる）建設。バヴァヴァルマン1世に関して唯一判明している年代。しかし、バッドンボーン地方と南部地方に別の王国が存在した
7世紀初め■扶南、特牧城（ヴィヤーダプラ）から那弗那城（ナラヴァラヤガラ）へ。真臘勢力の政治的圧力か
④？～615年頃■マヘンドラヴァルマン王（③の弟）。（『隋書』質多斯那＝チトラセナ）。カンボジア東北部、ラオス南部、東北タイにも多数の碑文あり。東隣国チャンパーと友好関係にあった
⑤615年頃～637年■イーシャーナヴァルマン1世（④の王子）。東北タイからメコン川デルタにかけて支配の足跡あり。寺院、祠堂など建立。東隣国チャンパーと政治的・文化的つながりがあった。没年については628年の記述もある
⑥647年■バヴァヴァルマン2世（⑤の王子）。バヴァヴァルマン2世に関して判明している年代は他に639年がある
⑦657年頃～681年■ジャヤヴァルマン1世。プラダラプラ都城（おそらくアンコール地方）で統治。トンレサープ湖の南部地方を支配したと思われる
705～706年以降■中国史料によると、705～706年以後真臘は陸真臘（北部）と水真臘（南部）。婆羅堤抜城＝バーラーディティヤプラが中心）に分かれた。8世紀は各地に群雄が割拠したが、経済的には繁栄の時代であった。アンコール地方ではアク・ユム寺院をはじめいくつかの都城の造成工事が行なわれた
711年■陸真臘の使節、中国へ
⑧713年■ジャヤドゥヴィー女王。アンコール地方で統治した。王の名前に固有の称号出現。ジャヤドゥヴィー女王に関して唯一判明している年号
722年■クメール軍、ベトナム遠征

カンボジア古代・中世歴史年表

先史時代

新石器時代■

紀元前4290年頃■レアン・スピアン遺跡（バッドンボーン州）：小道具、線刻土器、サイその他の動物絵図など（カーボン測定による）

紀元前2000～1000年■ミモット円形集落（直径200m）：石器および土器など

紀元前1500年頃■サムロンセン貝塚遺趾。ドムソン遺跡（ベトナム北部）：動物文様および幾何学模様の青銅器、銅鼓

紀元前1280年■ムルプレイ遺跡：高床式住居あり

紀元前2世紀■巨石記念物遺趾（円形集落、チャムカールルー、チュップ）

扶南時代

3世紀■「扶南」の国名が中国史料に現れる

229年■呉朝使節朱応と康泰、扶南訪問。扶南大月氏国へ使節派遣

357年■扶南天竺旃壇（おそらく来航者）

4世紀末■東南アジア最古のヴァカン碑文（サンスクリット語）。シュリー・マーラ王家系譜の断片記載あり

5世紀中葉■サンスクリット語碑文（ワット・プー近くのワット・ルオン・カウ遺跡）。デヴァニカ王の言及およびマハーバーラタの引用

①357年頃～453年■扶南王憍陳如闍耶跋摩（カウンディンヤ・ジャヤヴァルマン）。：インドから来航か、天竺の法を伝える

434、435、438年■扶南、中国へ使節派遣

484年■扶南、仏教僧那伽仙（ナーガセナ）を中国へ派遣

503年■扶南使節、珊瑚仏像および宝物を中国へ献上

②514～550年頃■扶南最後の王

石澤良昭（いしざわ・よしあき）

1961年上智大学外国語学部卒。文学博士（中央大学）。専攻：東南アジア史（特にアンコール王朝時代の古クメール語碑刻学）。現在、上智大学教授、上智大学アジア人材養成研究センター所長、上智大学アンコール遺跡国際調査団団長。第13代上智大学学長（2005-2011）。これまでに文化庁の文化審議会会長、外務省・文部科学省共管「文化遺産国際協力コンソーシアム」会長などを歴任。2003年独立行政法人国際交流基金から「国際交流基金賞」受賞。2017年カンボジアのアンコール遺跡の保存修復および人材養成への貢献により国際賞「ラモン・マグサイサイ賞」を受賞。2018年にはカンボジア王国ノドロム・シハモニ国王から「モニサラポン勲章（Royal Order of Monisaraphon）」受章。2020年王立プノンペン大学より「名誉博士号」が授与された。
主な著書に『東南アジア多文明世界の発見（学術文庫）』（講談社）、『新・古代カンボジア史研究』（風響社）、『カンボジア密林の五大遺跡』（共著、連合出版）、『アンコール・ワットと私』（連合出版）、『カンボジア近世史』（キン・ソック著、めこん）、『カンボジア中世史』（マック・プン著、共訳、めこん）など多数。

NHK BOOKS 1271

アンコール王朝興亡史

2021年10月25日　第1刷発行

著　者　石澤良昭　
発行者　土井成紀
発行所　NHK出版
東京都渋谷区宇田川町41-1　郵便番号150-8081
電話 0570-009-321（問い合わせ）　0570-000-321（注文）
ホームページ　https://www.nhk-book.co.jp
振替　00110-1-49701
装幀者　水戸部 功
印　刷　新藤慶昌堂・近代美術
製　本　三森製本所

Printed in Japan　ISBN978-4-14-091271-3 C1322

NHK BOOKS

*歴史(II)

アメリカ黒人の歴史 ジェームス・M・バーダマン
フランス革命を生きた「テロリスト」―ルカルパンティエの生涯― 遅塚忠躬
文明を変えた植物たち―コロンブスが遺した種子― 酒井伸雄
世界史の中のアラビアンナイト 西尾哲夫
「棲み分け」の世界史―欧米はなぜ覇権を握ったのか― 下田 淳
ローマ史再考―なぜ「首都」コンスタンティノープルが生まれたのか― 田中 創
グローバル・ヒストリーとしての独仏戦争―ビスマルク外交を海から捉えなおす― 飯田洋介

*地誌・民族・民俗

新版 森と人間の文化史 只木良也
森林飽和―国土の変貌を考える― 太田猛彦

※在庫品切れの際はご容赦下さい。